M. Pim passe devant

une comédie en trois actes

AA Milne

Writat

Cette édition parue en 2024

ISBN : 9789359947198

Publié par
Writat
email : info@writat.com

Contenu

Personnages

La distribution originale au Gaiety Theatre, Manchester

George Marden, JP. . . . . *M. Ben Webster.*
Olivia (sa femme). . . . . *Mlle Irène Vanbrugh.*
Dinah (sa nièce) . . . . *Mlle Georgette Cohan.*
Lady Marden (sa tante) . . . . *Mlle Sybil Carlisle.*
Brian étrange. . . . . *M. Philip Easton.*
Épingle de carvi . . . . *M. Dion Boucicault.*
Anne. . . . . *Mlle Ethel Wellesley.*

L'action se déroule dans la salle du matin de Marden House, dans le Buckinghamshire, un jour de juillet.

Le casting original de Londres au New Theatre

George Marden, JP. . . . . *M. Ben Webster.*
Olivia (sa femme). . . . . *Mlle Irène Vanbrugh.*
Dinah (sa nièce) . . . . *Mlle Georgette Cohan.*
Lady Marden (sa tante) . . . . *Mlle Ethel Griffes.*
Brian étrange. . . . . *M. Leslie Howard.*
Épingle de carvi . . . . *M. Dion Boucicault.* ·
Anne. . . . . *Mlle Ethel Wellesley.*

ACTE I

La salle du matin de Marden House (Buckinghamshire) a décidé il y a plus de cent ans que tout allait bien et ne s'est plus souciée d'elle-même depuis. Les visiteurs de la maison ont qualifié le résultat d'adjectifs aussi différents que « doux », « démodé », « charmant » – voire « baronnial » et « antique » ; mais personne n'a jamais dit que c'était "excitant". Parfois OLIVIA *veut que ce soit plus excitant, et la semaine dernière, elle s'est plutôt laissée aller à de nouveaux rideaux ; elle a encore les bagues à mettre. Il est évident que les rideaux à eux seuls exagéreront l'excitation ; ils devront être harmonisés avec un nouveau tapis et des coussins.* OLIVIA *a un œil sur les choses, mais il faut y aller avec précaution* GEORGE *. Ce qui était assez bien pour son arrière-arrière-grand-père l'est pour lui. Cependant, nous pouvons faire confiance* OLIVIA *pour l'aider à s'en sortir, même si cela peut prendre du temps.*

Une intrigue scénique est donnée à la fin de la pièce.

Il y a trois manières d'entrer dans la pièce : par les fenêtres ouvertes donnant sur le jardin, par les portes à R., ou par l'escalier du haut à R, M. PIM *choisit cette dernière voie – ou plutôt* ANNE *le choisit pour lui ; et* M. PIM *la suit gentiment et inoffensivement. Elle descend les marches et se dirige vers C., suivie de* M. PIM *.*

ANNE (*s'approche, regarde L. et revient vers* PIMRC). Je dirai à M. Marden que vous êtes là, monsieur. M. Pim, n'est-ce pas ?

PIM (*nerveusement*). Oui… euh… M. Pim–M. Carvi Pim. Il ne me connaît pas, tu comprends, mais s'il pouvait juste m'accorder quelques instants… euh… (*Il fouille dans ses poches* .) Je t'ai donné cette lettre ?

ANNE . Oui, monsieur, je vais le lui donner.

PIM (*lui sort une lettre timbrée qui n'est pas celle qu'il cherchait, mais qui lui rappelle autre chose qu'il a oublié. Regardant la lettre*). Oh! Cher moi!

ANNE . Oui Monsieur?

PIM . Cher moi. J'aurais dû poster ça. (*Regardant la lettre* .) Oh, eh bien, je dois envoyer un télégramme. Vous avez un bureau télégraphique dans le village ?

ANNE . Oh oui, monsieur. (*Montant sur la terrasse en haut de L. et pointant vers L.*) Si vous tournez à gauche lorsque vous passez devant les portes, vous êtes à environ cent mètres de la colline. Tournez à gauche et descendez la colline.

PIM . Tournez à gauche et descendez la colline. Merci merci. C'est très stupide de ma part d'avoir oublié.

(ANNE *sort par l'escalier* R .)

(M. PIM *erre dans la pièce en fredonnant pour lui-même et en regardant les tableaux et les photos au piano. Puis sort par la fenêtre en haut de L.*) (DINAH *entre par l'escalier qui monte* R. *en dansant et en fredonnant l'air de « Down on the Farm » : elle a dix-neuf ans, très jolie, très heureuse et pleine de bonne humeur et de conversation enfantine. Elle danse jusqu'au pied de l'escalier, regarde* R., *puis* C., *puis vers le piano ; s'assoit et joue quelques mesures et chante "Down on the Farm", se lève et se dirige vers la* droite *du piano, et ce faisant,* PIM *rentre par la fenêtre en haut de* L. *et ils se retrouvent soudainement face à face en arrière* de C. *au-dessous de la table à écrire. Il y a une légère pause .)*

DINAH (*reculant d'un pas*). Tiens!

PIM . Vous devez me pardonner, mais... Bonjour, Mme Marden.

DINAH . Oh, dis-je, *je* ne suis pas Mme Marden. Je m'appelle Dinah.

PIM (*avec un sourire*). Ensuite, je dirai : Bonjour. Mademoiselle Diane.

DINAH (*avec reproche*). Maintenant, écoute, si toi et moi devons être amis, tu ne dois pas faire ça. Dinah, *pas* Diana. N'oubliez pas que c'est un homme bien, parce que j'en ai tellement marre de corriger les gens. (*Descendant* de C. *à* B.) Êtes-vous venu chez nous ? (*S'assoit sur le canapé* R.)

PIM (*la suivant*). Eh bien non, mademoiselle... euh... Dinah.

DINAH (*hochant la tête*). C'est exact. Je vois que je n'aurai plus besoin de *vous parler* . Maintenant, dis-moi ton nom, et je te parie que je réussirai du premier coup. Et asseyez-vous.

PIM (*traversant vers* L. *et assis sur le canapé* L.). Merci. Je m'appelle... euh... Pim, Carraway Pim...

DINAH . Pim, c'est facile.

PIM . Et j'ai une lettre d'introduction pour ton père...

DINAH (*se levant et traversant vers* la droite *de la table* LC *et parlant à travers celle-ci*). Oh non; maintenant vous vous trompez encore, M. Pim. George n'est pas mon père ; c'est mon oncle. Oncle George... il n'aime pas que je l'appelle George. Cela ne dérange pas Olivia – je veux dire, cela ne la dérange pas qu'on l'appelle Olivia, mais George est plutôt susceptible. (*Assis sur la table, face* PIM .) Vous voyez, il est mon tuteur depuis que j'ai environ deux ans, puis il y a environ cinq ans, il a épousé une veuve appelée Mme Telworthy.

PIM (*répétant*). Mme Telworthy.

DINAH . C'est Olivia – alors elle est devenue ma tante Olivia, seulement elle me laisse laisser tomber la tante. (*Parlant très brusquement .*) Compris ?

PIM (*un peu alarmé*). Je–je le pense, Miss Marden.

DINAH (*avec admiration*). Je dis, vous *êtes* rapide, M. Pim. Eh bien, si tu suis mon conseil, quand tu auras fini tes affaires avec George, tu traîneras un peu et tu verras si tu ne peux pas voir Olivia. (C. *se levant et bougeant*) Elle est tout simplement–(*trouver le mot*)–dévastatrice. Je ne m'étonne pas que George soit tombé amoureux d'elle.

(*Passer au piano* R. *au-dessus, regarder des photos, etc.*)

PIM (*se levant et regardant sa montre et venant* C.). Ce n'est qu'une simple question d'affaires – juste quelques mots avec votre oncle – Peut-être que je ferais mieux…

DINAH (*regardant la photo en haut du piano*). Eh bien, vous devez vous faire plaisir, M. Pim. Je te donne juste un conseil amical. Naturellement, j'étais terriblement heureux d'avoir une tante aussi magnifique. (*Descendant vers* L. *du piano et prenant et regardant la photo de* OLIVIA .) Parce qu'après tout, le mariage, *c'est* plutôt un jeu d'enfant, n'est-ce pas ?–

PIM (*interloqué*). Eh bien, je ne sais pas, je n'ai eu aucune expérience...

DINAH (*continuant*). Et George aurait pu partir avec n'importe qui. (*Déménager* PIM .) C'est différent sur scène, où les tuteurs épousent toujours leurs pupilles, mais George ne pouvait pas *m'épouser* parce que je suis sa nièce. Attention, je ne dis pas que j'aurais dû l'avoir, parce que, entre nous, il est un peu démodé.

PIM . Alors il a épousé… euh… Mme. Marden à la place.

DINAH . Mme Telworthy, ne dites pas que vous avez déjà oublié, juste au moment où vous deveniez si douée pour les noms. Mme Telworthy. (*Il s'installe et s'assoit sur le canapé* R.) Vous voyez, Olivia a épousé l'homme Telworthy et est allée en Australie avec lui, et il s'est saoulé à mort dans la brousse, ou partout où vous vous buvez à mort là-bas, et Olivia est rentrée à la maison. Angleterre, et j'ai rencontré mon oncle, et il est tombé amoureux d'elle et lui a proposé – (*se lève et s'agenouille sur le canapé*) – et il est entré dans ma chambre ce soir-là – j'avais environ quatorze ans – et il a allumé la lumière et a dit : " Dinah, ça te plairait d'avoir une belle tante à toi ?" (PIM *rires* .) Et j'ai dit : "Félicitations, George." (PIM *rit encore* .) C'était la première fois que je l'appelais George. Bien sûr, je l'avais vu venir depuis des semaines. Telworthy, n'est-ce pas un drôle de nom ?

PIM . Oh, un nom des plus curieux : Telworthy. D'Australie, dites-vous ?

DINAH . Oui, je dis toujours qu'il est probablement encore en vie et qu'il reviendra ici un matin et ennuiera George.

PIM (*choqué*). Oh!

DINAH . Mais j'ai bien peur qu'il n'y ait pas beaucoup de chance.

PIM (*choqué*). Mlle Marden ! Vraiment!

DINAH , Bon, bien sûr, je n'ai pas vraiment *envie* que ça arrive, mais ce *serait* plutôt excitant. (*Traversée vers* PIM .) N'est-ce pas, M. Pim ?

PIM . Passionnant!

(PIM *traverse jusqu'au dessous du canapé* L.)

DINAH . Cependant, de telles choses ne semblent jamais se produire ici, d'une manière ou d'une autre, (*Courant dans la fenêtre,* R. PIM *la regarde* .) Il y a eu une meule de foin brûlée l'année dernière à environ un kilomètre et demi de là, mais ce n'est pas pareil, n'est-ce pas ?

PIM . Non, je dois dire que c'était certainement différent.

DINAH (*venant au fond de la table* LC). Bien sûr, quelque chose de très, très merveilleux s'est produit hier soir. (*Reculant* .) Non, non ! Je ne suis pas sûre de te connaître assez bien–(*Elle le regarde avec hésitation* .)

PIM (*mal à l'aise*). Vraiment, Miss Marden, vous ne devez pas. Je ne suis qu'un–un passant, ici aujourd'hui et parti demain. Tu ne dois vraiment pas…

DINAH (*regardant autour de lui et gagnant jusqu'à* PIM), Et pourtant, il y a quelque chose chez vous, Monsieur Pim, qui inspire confiance.

PIM (*passant à* L.). Oh non. Vraiment, tu ne dois pas me le dire.

DINAH (*lui prenant le bras*). Le fait est que (*dans un murmure de scène*) je me suis fiancé hier soir !

PIM . Cher moi, permettez-moi de vous féliciter. J'aimerais que quelqu'un vienne ici.

DINAH (*courant jusqu'au pied de l'escalier vers* la droite *et regardant au loin*), je suppose que c'est pour ça que George te garde si longtemps. (*Changer en* PIM .) Brian, mon jeune homme, le peintre bien connu – mais personne n'a jamais entendu parler de lui – il fume la pipe avec George dans la bibliothèque et demande la main de sa nièce. (*En revenant à* PIM , *et lui prenant les mains, elle danse avec lui en cercle* .)

(PIM *tombe épuisé et tousse sur le canapé* L. *et* DINAH *rire est assis sur le canapé* R.)

DINAH . N'est-ce pas excitant ? Vous avez vraiment de la chance, M. Pim – je veux dire qu'on l'a prévenu si tôt. Même Olivia ne le sait pas encore.

PIM . Oui, oui, je vous félicite, Miss Marden. Ce serait peut-être mieux–(*Sur le point de se lever* .)

(ANNE *arrive par l'escalier en haut de* R. *Elle vient en* C.)

ANNE . M. Marden est absent en ce moment, monsieur...

DINAH (*déçue*). Oh!

ANNE (*voyant* DINAH). Oh, je ne vous ai pas vue, Miss Dinah !

PIM . Dehors! Hein ? Cher! Cher!

DINAH , tout va bien, Anne. (*Se levant* .) *Je* m'occupe de M. Pim.

ANNE . Tres bien mademoiselle.

PIM (*à voix basse*). Dehors! Oh, eh bien, je ferais mieux d'y aller...

(*Sortie* ANNE *monter l'escalier* B.)

DINAH (*avec enthousiasme*). C'est moi. (*Courir jusqu'au pied de l'escalier et regarder* ANNE *off* .) Ils ne peuvent pas discuter de moi dans la bibliothèque sans s'effondrer–(*descendre* R. *et imiter* GEORGE *et* BRIAN) – alors ils se promènent dehors et frappent les chardons pour cacher leur émotion. Tu sais. J'attends Brian–(*Traversant vers* la droite *de la fenêtre* .)

PIM (*se levant, appelant*). Mlle Marden ! Mlle Marden ! (*Regardant sa montre* .) Oui, je pense, Miss Marden, je ferais mieux d'y aller maintenant et de revenir un peu plus tard. J'ai un télégramme que je veux envoyer, et peut-être qu'à mon retour, votre oncle pourra...

DINAH (*venant à* PIM). Oh, mais quelle déception de votre part, alors que nous nous entendions si bien ! Et ça allait justement être à ton tour de me parler de toi.

PIM . Je n'ai vraiment rien à dire, Miss Marden. J'ai une lettre d'introduction à votre oncle, qui à son tour me remettra, je l'espère, une lettre à un certain homme distingué qu'il me faut rencontrer. C'est tout. (*Tendant la main* .) Et maintenant, Miss Marden, je pense vraiment que je ferais mieux d'y aller.

DINAH (*lui prenant le bras et le faisant monter de l'étape* C. *à* L.). Oh, je vais vous mettre en route vers le bureau de poste.

PIM . Veux-tu? C'est vraiment très gentil de votre part.

DINAH . Non, ce n'est pas le cas.

PIM . Oh, mais ça l'est ! Tu es une petite fille très gentille.

DINAH . Je veux savoir si tu es marié…

PIM . Oh non, je ne suis pas marié.

DINAH … et tout ce genre de choses. Vous avez beaucoup à me dire, M. Pim. As-tu ton chapeau ? (PIM *montre son chapeau* .) Oh oui ! C'est exact.

(BRIAN ÉTRANGE *entre par la fenêtre en haut de* R. *C'est quoi* GEORGE *» appelle un foutu peintre futuriste de 24 ans. A regarder, c'est un garçon très agréable, plutôt mal habillé. Il est sur le point de dire* DINAH *le résultat de son entretien avec* GEORGE *quand il aperçoit* PIM .)

Alors nous allons... bonjour, voici Brian ! (*Traversant en bas et vers son* R. *le saisissant* .) Brian, voici M. Pim ! M. Carraway Pim. Il m'a tout dit sur lui.

PIM . Je n'ai pas dit un mot. Je n'ai jamais ouvert la bouche.

DINAH . C'est tellement intéressant. Il va juste envoyer un télégramme, puis il reviendra. M. Pim–(*timidement et descendant vers la tête du canapé* R.)– voici Brian– *vous* savez,

BRIAN (*hochant la tête*). Comment vas-tu?

PIM . Comment allez-vous, monsieur ?

DINAH (*implorante et traversant en bas* BRIAN *à* PIM), Cela ne vous dérangera pas d'aller seul à la poste maintenant, n'est-ce pas ? (*Elle s'approche timidement de la chaise près de la table d'écriture et lui donne nerveusement des coups de pied dans la cheville, etc* .) Parce que, voyez-vous, Brian et moi... (*Elle regarde avec amour* BRIAN .)

PIM (*déplacé vers le sentiment*). Miss Dinah et M.... euh... Brian, je ne suis entré dans votre vie que pour un instant, et il est probable que j'en sortirai maintenant pour toujours, mais peut-être permettrez-vous à un vieil homme...

DINAH . Oh, pas si vieux !

PIM (*riant joyeusement*). Pas vieux? Eh bien, dirons-nous un homme d'âge moyen–(DINAH *acquiesce* . PIM *rit encore*) – un homme d'âge moyen pour vous souhaiter à tous les deux tout le bonheur pour les années qui vous attendent. (*Traversant devant* DINAH , *serre la main de* BRIAN .) Au revoir–(*serrant la main de* DINAH) – au revoir et merci beaucoup. Oh, je connais mon chemin. (*Remontant* L. *et se tournant vers* DINAH .) Tourner à gauche et descendre la colline ? Tournez à gauche et descendez la colline.

(*Sortie* PIM *vers le haut* L. DINAH *le regarde monter* L. *sur la terrasse et* BRIAN *vers le haut* R.)

DINAH (*entrant dans la pièce en dessous du bureau de* RC). Brian, il se perdra s'il passe par là.

BRIAN (*traversant derrière les fenêtres et appelant après lui* L.). Tournez à gauche, monsieur. Oui c'est vrai. (*Il revient dans la pièce en traversant* LC) Rhum vieil oiseau. Qui est-il?

DINAH . Chérie, tu ne m'as pas encore embrassé.

BRIAN (*s'approchant d'elle et la tirant vers le bas du canapé* L.), Oh, dis-je. Je ne devrais pas le faire, mais on ne devrait jamais faire de belles choses.

DINAH . Pourquoi pas ?

(*Ils s'assoient ensemble sur le canapé*– BRIAN *à* R., DINAH *à* L.)

BRIAN . Eh bien, nous avons dit que tout irait bien jusqu'à ce que nous ayons tout raconté à votre oncle et à votre tante. Vous voyez, être un invité chez eux...

DINAH . Mais, mon enfant chéri, qu'as - tu fait toute cette matinée *à part* le dire à George ?

BRIAN . Oh, *j'essaie* de le dire à George.

DINAH (*hochant la tête*). Oui, bien sûr, il y a une différence.

BRIAN . Je pense qu'il *a deviné* qu'il se passait quelque chose, et il m'a emmené voir les cochons – il a dit qu'il devait voir les cochons immédiatement – je ne sais pas pourquoi ; un rendez-vous peut-être. Et nous avons parlé de cochons tout le long, et je ne pouvais pas dire : « En parlant de cochons, je veux épouser ta nièce... »

DINAH (*avec une fausse indignation*). Oh, bien sûr, tu ne pourrais pas.

BRIAN . Non. Eh bien, vous voyez comment c'était. Et puis quand on a fini de parler *des* cochons, on a commencé à parler *aux* cochons...

DINAH (*avec impatience*). Comment *va* Arnold ?

BRIAN . Arnold...? Ah oui, c'est le petit en noir et blanc ? Il est très joyeux, je crois, mais naturellement je ne pensais pas beaucoup à lui. Je me demandais par où commencer. Et puis Lumsden est arrivé et a voulu parler de nourriture pour porcs, et l'atmosphère est devenue de moins en moins romantique, et– et je me suis progressivement éloigné.

DINAH . Oh, pauvre chérie ! Eh bien, nous devrons l'approcher par l'intermédiaire d'Olivia.

BRIAN . Mais j'ai toujours voulu lui dire d'abord ; elle est tellement plus facile. Seulement *tu* ne me laisserais pas.

DINAH . C'est *ta* faute, Brian. Vous diriez à Olivia qu'elle devrait avoir des rideaux orange et noir ici.

BRIAN . Mais elle veut des rideaux orange et noirs ici.

DINAH . Oui. (*Se levant et se tenant dos au feu, imitant* GEORGE .) Mais George dit qu'il ne fera aucune absurdité futuriste dans une honnête maison de campagne anglaise, ce qui a été assez bien pour son père, son grand-père et son arrière-grand-père, et–et tous les autres. (*S'agenouille sur le canapé* .) Il y a donc une sorte de tension entre Olivia et George en ce moment, et si Olivia vous recommandait en quelque sorte, eh bien, cela ne vous servirait pas à grand-chose.

BRIAN (*la regardant*). Je vois. Bien sûr, je sais ce que *tu* veux, Dinah.

DINAH . Ce que je veux?

BRIAN . Vous voulez des fiançailles secrètes…

DINAH . Oh!

BRIAN . Et des notes laissées sous les paillassons…

DINAH . Oh!

BRIAN . Et les rencontres près de l'épine flétrie–

DINAH . Oh!

BRIAN . Quand toute la maison dort.

DINAH . Oh!

BRIAN . Je te connais.

DINAH . Oh, mais c'est tellement amusant ! J'aime rencontrer les gens près des épines fanées.

BRIAN . Eh bien, je ne l'aurai pas.

DINAH (*enfantinement, assise près de lui*). Ah, Georges ! Regardez-nous en train d'être un mari !

BRIAN . Toi bébé! Je t'adore. (*Il l'embrasse et lui tient les mains* .) Tu sais, tu te jettes plutôt sur moi. Ça te dérange?

DINAH (*posant ses jambes sur le canapé et inclinant sa tête sur son épaule*). Pas du tout.

BRIAN . Nous ne serons jamais riches, mais nous nous amuserons beaucoup, rencontrerons des gens intéressants, et sentirons que nous faisons quelque chose qui vaut la peine d'être fait, et que nous ne serons pas assez payés pour cela, et nous pourrons maudire ensemble l'Académie et le public britannique. , et… oh, c'est une vie passionnante.

DINAH (*le voyant*). Je vais l'adorer.

BRIAN (*sincèrement*). Je vais te faire aimer. Tu ne seras pas désolé, Dinah.

DINAH . Tu ne seras pas désolé non plus, Brian.

BRIAN (*la regardant avec amour*). Oh, je sais que je ne le ferai pas... Qu'en pensera Olivia ? Sera-t-elle surprise ?

DINAH . Olivia ? Oh, elle n'est jamais surprise. Elle semble toujours avoir pensé aux choses environ une demi-heure avant qu'elles n'arrivent. George commence à les attraper environ une demi-heure après qu'ils se soient produits. (*Le regardant, lui caressant les cheveux* .) Après tout, il n'y a aucune raison pour que George ne t'aime pas, chérie.

BRIAN . Je ne suis pas son genre, tu sais, vraiment.

DINAH . Tu es plutôt du genre à Olivia. Eh bien, nous le dirons à Olivia ce matin.

(OLIVIA *arrive du haut de l'escalier en haut de R* .)

OLIVIA (*entrant*). Et qu'est-ce que tu vas dire à Olivia ce matin ? (*Ils sautent et vont vers elle* .)

DINAH . Olivia, chérie–

OLIVIA , oh, eh bien, je pense que je peux deviner,

(DINA *va vers son R, et* BRIAN *à son L., et ils la font descendre C.*)

BRIAN (*suivant*). Dites que vous comprenez, Mme Marden.

OLIVIA . Mme Marden, j'en ai bien peur, est une personne très dense, Brian, mais je pense que si vous demandiez à Olivia si elle comprenait...

BRIAN . Soyez bénie, Olivia. Je *savais que* tu serais de notre côté.

DINAH . Bien sûr qu'elle le ferait.

OLIVIA . Je ne sais pas si c'est habituel d'embrasser une belle-tante, Brian, mais Dinah est une nièce tellement spéciale que… (*elle incline la joue et* BRIAN *je l'embrasse*).

DINAH (reculant *un peu vers* B.). Je dis, tu as de la chance aujourd'hui, Brian.

(BRIAN *avance C. en riant* .)

OLIVIA (*traversant sous le canapé* L. *et remontant* L. *jusqu'au meuble*). Et combien de personnes ont appris la bonne nouvelle ? BRIAN . Personne pour l'instant.

DINAH . Sauf M. Pim.

BRIAN (*traversant vers* DINAH). Oh, est-ce qu'il…

OLIVIA (*au moment où elle arrive au cabinet, en haut* de gauche), qui est M. Pim ?

DINAH . Oh, il vient juste d'arriver–(OLIVIA *prend les rideaux et le panier à travail du placard central du meuble* .) – Je dis, ce sont les rideaux ? Alors tu vas les avoir après tout ?

OLIVIA (*d'un air surpris, descendant* L., *et posant le panier à travail sur la table LC et s'asseyant avec les rideaux*). Après tout quoi ? Mais je les ai choisis il y a longtemps. (*À* BRIAN .) Vous ne l'avez pas encore dit à George.

BRIAN (*se déplaçant sous le tabouret* LC). J'ai commencé à le faire, vous savez, mais je ne suis jamais allé plus loin que "Euh… il y a juste… euh…"

DINAH (*traversant rapidement en contrebas* OLIVIA *et lui parlant en face*). George parlait tout le temps des *cochons* .

OLIVIA . Eh bien, je suppose que tu veux que je t'aide.

DINAH (*assise à* L. *de* OLIVIA). Oh, fais-le, chérie.

BRIAN (*assis sur le tabouret* LC). Ce serait vraiment très gentil de votre part. Bien sûr, je ne suis pas vraiment son genre…

DINAH . Tu es mon genre.

BRIAN . Mais je ne pense pas qu'il s'oppose à moi, et...

(GEORGE *arrive de terrasse, un gentilhomme de campagne typique, étroit d'esprit et honnête, d'une quarantaine d'années.* BRIAN *se lève précipitamment et passe au-dessus du piano vers* R. DINAH *se lève et se tient près de la cheminée.* OLIVIA *déplie les rideaux et se prépare à coudre* .)

GEORGES (*aux fenêtres – il ne voit pas* BRIAN). Tiens! Tiens! Tiens! Qu'est-ce qu'il y a à propos de M. Pim ? Qui est-il? Où est-il? (*Il pose sa casquette sur la table et descend dans la pièce* .) J'avais des affaires très importantes avec Lumsden, et la fille descend et ricane à propos d'un M. Pim, ou d'un Ping, ou quelque chose du genre. Où ai-je mis sa carte ? (*Le faire ressortir* .) Carraway Pim. Je n'ai jamais entendu parler de lui de ma vie, (*retourne à la table d'écriture et pose la carte* .)

DINAH . Il a dit qu'il avait une lettre d'introduction, oncle George.

GEORGE . Oh, tu l'as vu, n'est-ce pas ! (*Descend de* C. *à* R.) Oui, ça me rappelle, il y avait une lettre– (*il la sort et la lit*).

DINAH . Il a dû envoyer un télégramme. Il revient.

OLIVIA . Passe-moi ces ciseaux, Brian.

BRIAN (*passage vers la table* LC ci-dessus). Ces? (*il les passe* .)

OLIVIA (*donnant* BRIAN *un signe de tête d'encouragement et regardant autour de moi* DINAH). Merci.

GEORGES (*en train de lire*). Eh bien, un ami de Brymer, heureux de lui rendre service. Oui, je connais l'homme qu'il veut. Tu reviens, tu dis, Dinah ? (DINA *hoche la tête* .) Alors j'y retournerai aussi. Envoie-le à la ferme, Olivia, quand il viendra. (*La montée rencontre* BRIAN .) Bonjour, que t'est-il arrivé ? (*Je progresse encore un peu* .)

OLIVIA . Ne pars pas, George, il y a quelque chose dont nous voulons parler. (DINA *donne un long sifflement. Tous ont l'air penauds et* GEORGE *remarque leur attitude* .)

GEORGE . Bonjour, qu'est-ce que c'est ?

BRIAN (*rapidement et derrière la table pour* OLIVIA). Devrais-je-! (DINA *pantomimes. "Oui, fais-le."*)

OLIVIA (*avec un butin espiègle à* DINAH). Oui, (*Il met une aiguille au travail* .)

BRIAN (*s'avançant vers* C.) J'avais envie de tout vous dire ce matin, monsieur, mais je n'ai pas eu l'occasion de le dire.

GEORGE . Bien qu'est-ce que c'est?

(BRIAN , *interloqué un instant, regarde* OLIVIA *pour les encouragements. Elle hoche la tête d'approbation et se tourne vers* DINAH , *lui prend la main pour l'encourager–*)

BRIAN (*audacieusement*). Je veux épouser Dinah, monsieur.

GEORGE . Tu veux épouser Dinah ? Que Dieu bénisse mon âme !

DINAH (*se précipitant vers lui en bas et vers son* R. *et tirant sa joue contre son manteau et ses mains sur son épaule*). Oh, dis que tu aimes l'idée, oncle George.

GEORGE . J'aime l'idée ! (*lui retirant les mains de son épaule* .) As-tu entendu parler de ces absurdités, Olivia ?

(*Mouvement d'agacement de* DINAH .)

OLIVIA . Ils viennent de me le dire à l'instant, George. Je pense qu'ils seraient heureux ensemble.

GEORGE (*traversée vers la cheminée* L., *vers* BRIAN). Et sur quoi proposez-vous d'être heureux ensemble ?

BRIAN (RC). Bien sûr, je sais que cela ne représente pas grand-chose pour le moment, mais nous ne mourrons pas de faim.

DINAH . Brian a gagné cinquante livres pour une photo en mars dernier !

GEORGE (*un peu contrarié par ça*). Oh! (*Se rétablissant joyeusement* .) Et combien de tableaux avez-vous vendus depuis ?

BRIAN (*jette un regard nerveux à* OLIVIA *et* DINAH , *qui s'assoit alors sur le canapé* R.). Eh bien, aucun, mais…

GEORGE . Aucun! Et je ne me demande pas. Qui diable va acheter des tableaux avec des nuages triangulaires et des moutons carrés ? (BRIAN , *agacé, monte en* RC) Et ils appellent ça de l'Art de nos jours ! Bon Dieu, homme (*s'approchant des fenêtres*), va dehors et regarde les nuages !

OLIVIA (*occupée à coudre des anneaux sur les rideaux*). S'il dessine des nuages ronds à l'avenir, George, le laisseras-tu épouser Dinah ?

(GEORGE *se retourne, agacé.* BRIAN *est plein d'espoir et descend vers* DINAH .)

GEORGE (*bouleversé par cela, descendant à la tête de la table* LC). Quoi quoi? Oui, bien sûr, vous seriez de son côté — toutes ces absurdités futuristes. (OLIVIA *commence à coudre* .) Je prends juste ces nuages comme exemple. (*Traversée vers* BRIAN .) Je suppose que je vois aussi bien que n'importe quel homme du comté, et je dis que les nuages ne sont pas triangulaires.

BRIAN (*avec sympathie*). Après tout, monsieur, à mon âge, on expérimente naturellement et on essaie de trouver son propre moyen d'expression (*avec un rire)* . Je découvrirai directement ce que je veux faire, mais je pense que je pourrai toujours gagner de quoi vivre. Eh bien, je le fais depuis trois ans.

GEORGE . Je vois, et maintenant tu veux expérimenter avec une femme…

BRIAN . Oui-non-non-

DINAH . Oui, tu le fais,

BRIAN . Oui.

GEORGE . Et tu proposes d'expérimenter avec ma nièce ?

BRIAN (*avec un haussement d'épaules*). Eh bien, bien sûr, si vous...

OLIVIA . Tu pourrais contribuer à l'expérience, chérie, en donnant à Dinah une bonne allocation jusqu'à ce qu'elle ait vingt et un ans.

GEORGE . Aidez l'expérience ! Je ne *veux pas* aider l'expérience. (*Traversant vers la table à écrire* .)

OLIVIA (*en s'excusant*). Oh, je pensais que c'était le cas.

GEORGE . Vous parlerez comme si j'étais fait d'argent. Avec des impôts qui augmentent toujours et des loyers qui baissent toujours, c'est tout ce que nous pouvons faire pour nous comporter comme nous le sommes (*au dos de la table* LC), sans faire de concessions à tous ceux qui pensent qu'ils veulent se marier. (*À* BRIAN .) Et c'est grâce à toi, mon ami.

BRIAN (*surpris*). Tome?

OLIVIA . Tu ne me l'as jamais dit, chérie. Que fait Brian ?

DINAH (*avec indignation*). Il n'a rien fait.

GEORGE (*tour au pied de la table* LC). C'est un de vos socialistes qui vont bouleverser le pays.

OLIVIA . Mais même les socialistes doivent parfois se marier.

GEORGE (*passage ci-dessous* OLIVIA *à. la cheminée*). Je n'en vois aucune nécessité.

OLIVIA . Mais tu n'aurais personne à damner après le dîner, chérie, s'ils s'éteignaient tous.

BRIAN (*venant un petit* C.). En réalité, monsieur, je ne vois pas ce que ma politique et mon art ont à voir là-dedans. Je suis tout à fait prêt à ne pas en parler quand je suis chez toi, et comme Dinah ne semble pas s'y opposer...

DINAH (*se dirigeant vers* BRIAN *et le défendre*). Je devrais penser que non.

GEORGE . Oh, vous pouvez contourner les femmes, j'ose dire.

BRIAN . Eh bien, c'est Dinah que je veux épouser et avec qui je veux vivre. Donc en réalité, tu ne penses pas que je puisse subvenir aux besoins d'une femme.

GEORGE . Eh bien, si vous voulez le faire en vendant des photos, je ne pense pas que vous puissiez le faire.

BRIAN (*passant à* R. *de la table* LC). Très bien, dis-moi combien tu veux que je gagne en un an, et je le gagnerai.

GEORGE (*couverture*). Ce n'est pas seulement une question d'argent. Je mentionne simplement cela comme une chose, une des choses importantes. (GEORGE *traverse à* BRIAN *qui recule vers* DINAH .) En plus de ça, je pense que vous êtes tous les deux trop jeunes pour vous marier. (DINA *tape du pied* .) Je ne pense pas que tu connaisses ton propre esprit (DINAH *s'agenouille tristement sur le canapé* R.), et je ne suis pas du tout persuadé qu'avec ce que j'ose appeler vos goûts outranciers...

DINAH . Oh!

GEORGE Toi et ma nièce vivrez heureux ensemble. (*Un temps. Elle se dirige vers la table d'écriture et s'assoit* .) Juste parce qu'elle pense qu'elle vous aime, Dinah peut maintenant se persuader qu'elle est d'accord avec tout ce que vous dites et faites, mais elle a été correctement élevée dans une honnête maison de campagne anglaise. (DINA *elle lève les bras et enfouit son visage dans ses mains au piano*) et... euh... elle... enfin, enfin, je ne peux pas du tout approuver aucun engagement entre vous. (*Se levant* .) Olivia, si ce Monsieur... euh... Pim vient, je serai en bas à la ferme. Tu pourrais me l'envoyer.

(*Il se dirige vers les fenêtres en haut de* L.)

BRIAN (*remontant* R., *suivi de* DINAH ; *avec indignation*). Y a-t-il une raison pour laquelle je ne devrais pas épouser une fille qui a été correctement élevée ?

GEORGE . Je pense que tu connais mon point de vue, Strange.

(DINAH , *déçue, traverse à nouveau* R. *jusqu'au dessous de la table* RC)

OLIVIA . George, attends un instant, mon cher. Nous ne pouvons pas vraiment laisser les choses ainsi.

GEORGE . J'ai dit tout ce que je voulais dire sur le sujet.

(DINA *est assis sur le canapé* R.)

OLIVIA . Oui, chérie, mais je n'ai pas encore commencé à dire tout ce que *je* voulais dire à ce sujet.

GEORGE (*traversant vers l'arrière du tableau* LC). Bien sûr, si tu as quelque chose à dire, Olivia, je l'écouterai ; mais je ne sais pas si c'est tout à fait le moment— (OLIVIA *fait un mouvement marqué pendant qu'elle coud les rideaux*), ou que vous avez choisi – (*regardant sombrement les rideaux*) – une occupation susceptible de – euh – de me faire apprécier vos opinions.

DINAH (*mutinée, se levant rapidement et se dirigeant vers le tabouret sur lequel elle s'agenouille et lève les yeux vers* GEORGES *visage et frappe la table*). Autant vous dire, oncle George, que j'ai aussi beaucoup à dire.

(BRIAN *descend vers son* R., *tirant délicatement sa manche, essayant de la retenir* .)

OLIVIA . Oui chérie. Je devine ce que tu vas dire, Dinah, et je pense que tu ferais mieux de le garder pour le moment.

DINAH (*doucement, reculant vers* R. *ci-dessous* BRIAN *et à* L. *du tableau* RC). Oui, tante Olivia.

OLIVIA . Brian, tu pourrais l'emmener dehors faire une promenade. J'imagine que vous avez beaucoup de choses à dire.

(BRIAN *et* DINAH *monter* R.)

GEORGE (*les suivant*). Maintenant attention, Strange, pas de faire l'amour. Je vous mets sur votre honneur à ce sujet.

BRIAN (*regardant autour de lui d'un air dubitatif)* DINAH). Je ferai de mon mieux pour l'éviter, monsieur.

DINAH (*effrontément*). Puis-je lui prendre le bras si nous montons une colline ?

OLIVIA . Je suis sûr que vous saurez comment vous comporter, tous les deux.

BRIAN (R. *de la table à écrire*). Allez, Dinah.

DINAH (*le suivant*). C'est vrai. (*Ils sortent par les fenêtres et se dirigent vers* L.)

GEORGE (*au fur et à mesure*). Et si tu vois des nuages, Strange, regarde-les bien. (*Il rit intérieurement* .) Nuages triangulaires – je n'ai jamais entendu parler d'une telle absurdité. (*Il retourne à sa chaise près du bureau et s'assoit* .) Des conneries futuristes... Eh bien, Olivia ?

OLIVIA (*coudre des rideaux*). Eh bien, Georges ?

GEORGE . Que fais-tu?

OLIVIA . Faire des rideaux–(*grognement de désapprobation de* GEORGES)– Georges. Ne seront-ils pas plutôt gentils ? Oh, mais j'ai oublié, tu ne les aimes pas.

GEORGE . Non, je ne les aime pas, et en plus, je ne veux pas les avoir chez moi. Comme je vous l'ai dit hier, c'est la maison d'un simple gentilhomme de la campagne, et je ne veux pas y entrer de ces idées nouvelles.

OLIVIA . Se marier par amour est-il une idée nouvelle ?

GEORGE . Nous y reviendrons directement. Aucune de vous, les femmes, ne peut s'en tenir à ce point. Ce que je dis maintenant, c'est que la maison de mes pères et ancêtres me suffit.

OLIVIA . Savez-vous, George, j'entends l'un de vos ancêtres dire cela à sa femme dans leur vieille grotte malodorante... (GEORGE *lève la tête, agacé par sa légèreté*) – lorsque l'idée nouvelle de construire des maisons a été suggérée pour la première fois. "La Grotte de mes ancêtres est assez bien pour——"

GEORGE (*se levant et venant à la table* R. *de* LC). C'est ridicule. Naturellement, nous devons progresser. Mais c'est justement le point. (*Montrant les rideaux* .) Je n'appelle pas cela du progrès. C'est... ah... une régression.

OLIVIA . Bon, en tout cas, c'est joli.

GEORGE . Là, je ne suis pas d'accord avec toi. Et je dois répéter que je ne les laisserai pas accrochés chez moi. (*en montant* RC)

OLIVIA . Très bien, Georges. (*Mais elle continue à travailler* .)

GEORGE (*la voyant continuer à coudre, s'arrête*). Cela étant, je ne vois pas la nécessité de les poursuivre.

OLIVIA . Eh bien, je dois faire quelque chose avec eux maintenant que j'ai le matériel.

(GEORGE *va à la table d'écriture, s'assoit et écrit* .)

J'ai pensé que je pourrais peut-être les vendre quand ils seraient terminés, car nous sommes si pauvres.

GEORGE (*se tourne vers elle avec un air surpris*). Que veux-tu dire par si pauvre ?

OLIVIA . Eh bien, vous venez de dire que vous ne pouviez pas donner d'allocation à Dinah parce que les loyers avaient baissé.

GEORGES (*ennuyé*). C'est foutu, Olivia ! Restez dans le vif du sujet ! Nous parlerons directement des affaires de Dinah. Nous discutons de nos propres affaires en ce moment.

OLIVIA . Mais de quoi pouvons-nous discuter, ma chère ?

GEORGE . Eh bien, ces choses ridicules.

OLIVIA . Mais nous avons terminé cela. Vous avez dit que vous ne voudriez pas les accrocher chez vous, et j'ai dit : « Très bien, George. »–(GEORGE *est à nouveau ennuyé* .)–Maintenant, nous pouvons passer à Dinah et Brian.

GEORGES (*en criant*). Mais mettez de côté ces choses bestiales.

OLIVIA (*se levant et remontant les rideaux*). Très bien, Georges.

(*En remontant* L. *elle place les rideaux sur le meuble* .)

GEORGE (*attend avec impatience qu'elle les ait rangés sur le dessus du placard*). Ah ! C'est mieux.

(OLIVIA *arrive à la table* LC, *ferme sa boîte à ouvrage puis se dirige vers le canapé* R.)

GEORGE (*se levant et traversant vers* OLIVIA *et en plaçant affectueusement les bras sur son épaule*). Maintenant, regarde, Olivia, vieille fille, tu as été une très bonne épouse pour moi–(lui *enlève ses bras de son épaule*)–et nous n'avons pas souvent de disputes, et si j'ai été impoli avec toi à ce sujet– je me suis peut-être un peu mis en colère, quoi ? – Je vais dire que je suis désolé. Puis-je avoir un baiser ?

OLIVIA (*levant son visage*). Georges, chéri ! (*Il l'embrasse* .) M'aimes-tu ?

GEORGE . Tu le sais, vieille fille.

OLIVIA . Autant Brian aime Dinah ?

GEORGE (*avec raideur, lui retirant les mains de ses épaules*). J'ai dit tout ce que je voulais dire à ce sujet. (*Il s'éloigne d'elle vers* L.)

OLIVIA . Oh, mais il doit y avoir beaucoup de choses que vous voulez dire et que vous n'aimez peut-être pas dire. (*S'assoit sur le canapé* R.) Dis-le-moi, chérie.

GEORGES (*revenant à* C.). Voilà ce qu'il en est. Je considère que Dinah est trop jeune pour se choisir un mari, et que Strange n'est pas le mari que je devrais lui choisir.

OLIVIA . Vous l'appeliez Brian hier.

GEORGE . Hier, je le considérais comme un garçon, maintenant il veut que je le considère comme un homme.

OLIVIA . Il a vingt-quatre ans.

GEORGE . Oui, et Dinah a dix-neuf ans. Ridicule. (*Traversant jusqu'à la table à fumer en haut de R., et remplissant sa pipe qu'il trouve sur la table* .)

OLIVIA . S'il avait été conservateur et pensait que les nuages étaient ronds, je suppose qu'il aurait semblé plus âgé, d'une manière ou d'une autre.

GEORGE . C'est un tout autre point. Cela n'a rien à voir avec son âge.

OLIVIA (*innocemment*). Oh, je pensais que c'était le cas.

GEORGE (*traversant C. en mettant du tabac dans sa pipe*). Ce à quoi je m'oppose, ce sont ces mariages ridiculement précoces avant que l'une ou l'autre des parties ne connaisse son propre esprit, et encore moins celui de l'autre partie. (*Se dirigeant vers la cheminée à la recherche d'un partenaire* .) De tels mariages conduisent invariablement au malheur.

OLIVIA . Bien sûr, *mon* premier mariage n'a pas été heureux.

GEORGE . Comme tu le sais, Olivia, je n'aime pas du tout parler de ton premier mariage–(*prend une allumette de la table vers le bas. L.* OLIVIA *se lève lentement et monte jusqu'à* R. *de la table à écrire*) – et je n'avais pas l'intention d'en parler maintenant, mais puisque vous en parlez – eh bien, il y a un exemple. (*S'assoit sur le canapé* L., *allumant sa pipe* .)

OLIVIA (*en y repensant*). Quand j'avais dix-huit ans, j'étais amoureux.

GEORGES (*se tournant vers elle*). Quoi?

OLIVIA . Ou peut-être que je pensais seulement que je l'étais, et je ne sais pas si j'aurais été heureuse ou non si je l'avais épousé. Mais mon père m'a fait épouser M. Jacob Telworthy. (GEORGE *la regarde, agacé* .) Et quand il faisait trop chaud pour lui en Angleterre – "trop chaud pour lui" – je pense que c'était l'expression que nous utilisions à l'époque – alors nous sommes allés en Australie et je l'ai laissé là-bas. (*Il descend lentement jusqu'au fond du canapé* L.) Et le seul moment de bonheur que j'ai eu dans toute ma vie conjugale, c'est le matin où j'ai vu dans les journaux qu'il était mort. (*Elle se penche avec ses bras sur le dossier du canapé* .)

GEORGE (*très mal à l'aise mais lui prenant affectueusement les mains avec sa main gauche*). Oui, oui, ma chérie, je sais, je sais. Vous avez dû passer un moment terrible. J'ai du mal à supporter d'y penser. Mon seul espoir est de me rattraper dans une certaine mesure. (*Elle pose amoureusement sa joue gauche sur sa tête* .) (*Lâchant ses mains* .) Mais je ne vois pas quelle incidence cela a sur le cas de Dinah.

OLIVIA . Oh, aucune, sauf que *mon* père *aimait* les opinions politiques de Jacob et ses vues sur l'art. (*Se déplaçant lentement autour de la table* LC *jusqu'au tabouret situé au pied* .) Je suppose que c'est pour cela qu'il l'a choisi pour moi.

GEORGE . Vous semblez penser que je souhaite choisir un mari pour Dinah. Pas du tout. Laissez-la choisir qui elle aime tant qu'il peut la soutenir et qu'il y a une chance qu'ils soient heureux ensemble. Maintenant, en ce qui concerne cet homme…

OLIVIA . Tu veux dire Brian ?

GEORGE . Eh bien, il n'a pas d'argent et il a été élevé d'une manière très différente de celle de Dinah. Dinah est peut-être prête à croire que… euh… toutes les vaches sont bleues et que… euh… les vagues sont carrées, mais elle ne continuera pas à le croire éternellement.

OLIVIA . Brian non plus.

GEORGE (*se déplaçant vers l'extrémité* droite *du canapé*). Eh bien, c'est ce que je n'arrête pas de lui dire, mais il ne le verra pas. Tout comme je n'arrête pas de vous parler de ces rideaux ridicules. (*Il montre un placard avec une pipe dans la main droite sur son épaule gauche* .) Il me semble que je suis la seule personne dans la maison à avoir encore une vue.

OLIVIA . Peut-être que oui, chérie ; mais vous devez nous laisser découvrir par nous-mêmes nos propres erreurs. (*S'assoit sur le tabouret* LC) Quoi qu'il en soit, Brian est un gentleman ; il aime Dinah, Dinah l'aime ; il gagne suffisamment pour subvenir à ses besoins, et vous gagnez suffisamment pour subvenir aux besoins de Dinah.

GEORGES (*étonné*). Quoi?

OLIVIA . Je pense que ça vaut le risque, George.

GEORGES (*avec raideur*). Je peux seulement dire que l'ensemble de la question exige une réflexion beaucoup plus anxieuse que celle que vous semblez y avoir consacrée. Vous dites que c'est un gentleman. Il sait comment se comporter, je l'avoue ; mais si ses mœurs sont aussi sens dessus dessous que ses goûts et… euh – sa politique, comme je n'en doute pas (*se lever et déménager à* L.), alors-euh… En bref, je n'approuve *pas* Brian Strange comme un mari pour ma nièce et ma pupille. (*Faire tomber le tuyau vers le bas* L.)

OLIVIA (*le regardant pensivement*). Vous *êtes* un curieux mélange, George. Tu étais si peu conventionnel quand tu m'as épousé, et tu es si très conventionnel quand Brian veut épouser Dinah… George Marden pour épouser la veuve d'un condamné !

GEORGES (*avançant*). Condamné! Que veux-tu dire?

OLIVIA . Jacob Telworthy, condamné – j'ai oublié son numéro – je t'ai sûrement dit tout cela, ma chérie, quand nous nous sommes fiancés ?

GEORGE . Jamais!

OLIVIA . Oh, mais je vous ai raconté comment il avait négligemment apposé une mauvaise signature sur un chèque de mille livres en Angleterre ; comment il a fait une petite erreur à propos de deux ou trois sociétés dont il avait fait la promotion en Australie ; et comment-

GEORGE . Oui, oui (*traversant lentement vers* C. *ci-dessous* OLIVIA), mais tu ne m'as jamais dit qu'il avait été… euh… eh bien… *condamné* !

OLIVIA . Quelle différence cela fait?

GEORGE . Ma chère Olivia, si tu ne vois pas ça... a-a-oh, eh bien !

OLIVIA . Oh! Un condamné ! Alors, vous voyez, nous n'avons pas besoin d'être trop exigeants à propos de notre nièce, n'est-ce pas ?

GEORGE . Je pense que nous ferions mieux de laisser complètement votre premier mari en dehors de la conversation. Je n'ai jamais voulu faire référence à lui ; Je ne souhaite plus jamais entendre parler de lui. Je n'avais certainement pas réalisé qu'il était en fait… euh… eh bien… condamné pour son… euh… (*s'approchant de la table d'écriture et ramassant sa casquette*).

OLIVIA . Des erreurs.

GEORGE . Eh bien, nous n'avons pas besoin d'entrer dans cela. Quant à cette autre question, je ne la prends pas un instant au sérieux. Dinah est une fille exceptionnellement jolie et jeune. Strange est un beau garçon. (*Descendant vers l'arrière du canapé* L.) S'ils sont attirés l'un par l'autre, c'est une simple attirance extérieure qui, j'en suis convaincu, ne mènera à aucun bonheur durable. (OLIVIA *est sur le point de protester* .) Cela doit être considéré comme mon dernier mot en la matière, Olivia. Si ce Monsieur… euh… quel était son nom, vient, je serai à la ferme. (GEORGE *sort par l'escalier qui monte* R.)

(*Laissé seul,* OLIVIA *se lève, monte* C., *reprend ses rideaux et en traversant* L. *s'assoit sur le canapé et se met tranquillement à travailler dessus* .)

(DINA *entre par les fenêtres du haut* à droite *et traverse la fenêtre* de gauche *à l'arrière, puis voit* OLIVIA , *fait signe à* BRIAN *et descend jusqu'à l'arrière du canapé jusqu'à* R. *de* OLIVIA . BRIAN *entre du haut de* R. *et suit jusqu'à l'arrière du tableau* LC)

DINAH (*au dos du canapé*). Fini?

OLIVIA (*surpris*). Oh non, j'ai toutes ces bagues à mettre.

DINAH . Je voulais dire parler à George.

OLIVIA . Oh!

BRIAN . Nous nous sommes promenés dehors...

DINAH . Jusqu'à ce que nous l'entendions *ne* plus te parler——

BRIAN . Et nous ne nous sommes pas embrassés une seule fois.

DINAH ET BRIAN (*désignant malicieusement et avec satisfaction* OLIVIA). Ah !

DINAH . Brian ressemblait beaucoup à George. Il ne me laissait même pas lui chatouiller la nuque. (*Elle va soudain vers* OLIVIA *et s'assoit sur son* L.) Chérie (*entourant ses bras* OLIVIA *et l'embrasser*), ressembler à George est une chose très agréable à être – je veux dire, une chose agréable à être pour les autres – je veux dire – oh, tu vois ce que je veux dire. Mais dites qu'il va être honnête à ce sujet.

OLIVIA . Bien sûr que oui, Dinah.

BRIAN (*s'assoit sur le tabouret* LC *et se penche en avant avec impatience*). Tu veux dire qu'il me laissera venir ici comme–comme...

DINAH . En tant que jeune homme ?

OLIVIA . Oh, je pense que oui.

DINAH (*embrasser* OLIVIA). Olivia, tu es une merveille.

(*L'embrasse autour du cou* .)

(*Montée et traversée en bas* BRIAN , *le touchant sur l'épaule* .)

BRIAN !

(*Se dirige vers le piano, s'assoit et joue cinq mesures de "The Wedding March", se lève et se croise à l'arrière de* BRIAN *à* L. *de* OLIVIA *derrière le canapé* .)

Est-ce que tu lui as vraiment parlé ?

OLIVIA . Je n'ai encore rien dit.

DINAH (*très déçue*). Oh!

(BRIAN *se lève et revient à* C.)

OLIVIA . Mais j'ose dire que je penserai à quelque chose.

BRIAN . Oh! mon Seigneur.

DINAH (*déçue*). Oh!

BRIAN (*montant* C.). Après tout, Dinah, je retourne à Londres demain...

DINAH (*traversant rapidement vers* BRIAN). Oh non non!

OLIVIA . Maintenant, Dinah. Tu peux être bon pour un jour de plus, et quand Brian ne sera pas là, nous verrons ce que nous pouvons faire.

DINAH (*posant ses mains sur* CELUI DE BRIAN *épaules*). Oui, mais je ne voulais pas qu'il revienne demain.

BRIAN (*sévèrement, enlevant ses mains*). Doit. Un dur travail devant moi. (DINA *se déplace au fond du tableau* LC) Gagnez des milliers de dollars par an. (*En descendant* R. DINAH *et* OLIVIA *sont amusés*). Peignez le maire et la corporation de Pudsey, grandeur nature, y compris les chaînes de fonctions ; peindre une tranche d'aiglefin sur une assiette. Copiez Landseer pour le vieux monsieur de Bayswater. Antimacassar design pour canapé d'âge moyen à Streatham. (*S'asseyant et posant ses jambes sur le canapé* R.) Oh, oui. Gagnez votre vie. Dinah.

DINAH (*rires*). Oh, Brian, tu es divin. Quel plaisir nous aurons quand nous serons mariés.

BRIAN (*avec une dignité exagérée*). Sir Brian Strange, RA, s'il vous plaît, Miss Marden. Sir Brian Strange, RA, écrit : « Votre Sanogene s'est révélé être un excellent tonique. Après avoir terminé le troisième acre de mon tableau de l'Académie, « Le maire et la corporation de Pudsey », j'étais complètement épuisé, mais une bouteille de Sanogene m'a ranimé. et j'ai fini les sept acres restants en une seule séance.

OLIVIA (*se levant et regardant autour d'elle*). Brian, trouve-moi mes ciseaux. (*Il s'assoit à nouveau*.)

BRIAN (*montant et traversant vers* C.). Ciseaux. Sir Brian Strange, RA, cherche des ciseaux.

(BRIAN, *joignant les mains derrière le dos, d'un pas très important, regarde d'abord le dessus du piano, puis la table d'écriture au fond*. DINAH *il le suit de manière ludique en imitant sa démarche*. BRIAN *se dirige vers l'armoire en haut de* L. *et trouve les ciseaux dessus, les prend et, dans une attitude menaçante, se tourne vers* DINAH, *s'exclamant :* " Ha, ha ! " DINAH *avec un petit cri ludique, il se tourne vers la chaise située sous la table d'écriture et s'assoit. Tenir des ciseaux* .)

Il faut encore une fois enregistrer un succès sans réserve pour l'éminent académicien. (*Changer en* OLIVIA *et avec un arc, il les lui tend par-dessus le dossier du canapé* .) Vos ciseaux.

OLIVIA . Merci beaucoup.

DINAH . Allez, Brian, sortons. Je me sens à ciel ouvert.

(*Ils montent* R.)

OLIVIA . Ne soyez pas en retard pour le déjeuner, il y a du monde sympa. Lady Marden arrive.

DINAH . Tante Juli-ah ! Aide! (*Elle s'évanouit* CELUI DE BRIAN *bras* .) Cela signifie un tablier propre. Brian, tu vas très bien devoir te brosser les cheveux.

BRIAN (*le sentant*). Je suppose que nous n'avons plus le temps d'aller à Londres et de le faire couper ?

(*Entrer* ANNE *des escaliers monte* R. *et arrive au pied de l'escalier, suivi de* PIM , *qui arrive à mi-chemin des escaliers .*)

ANNE . M. Pim!

DINAH (*enchantée*). Tiens. M. Pim! (*Imitant un clown .*) Nous y revoilà ! Vous ne pouvez pas vous débarrasser de nous si facilement, voyez-vous.

PIM . Je... euh... chère Miss Marden... (*Elle descend vers* C.)

OLIVIA . Comment allez-vous, M. Pim ? Je ne peux pas me lever, mais viens t'asseoir (PIM *serre la main de* OLIVIA .) Mon mari sera là dans une minute. Anne, envoie quelqu'un à la ferme———

ANNE , je crois avoir entendu le Maître dans la bibliothèque, madame.

OLIVIA . Oh, tu vas lui dire alors ?

ANNE . Oui madame,

(ANNE *sort par l'escalier .*)

OLIVIA . Vous resterez déjeuner, bien sûr, M. Pim ?

DINAH (*descendant de* C. *à* R.) Oh, fais-le !

PIM . C'est très gentil de votre part, Mme Marden, mais...

DINAH . Oh, vous devez absolument le faire, M. Pim. Vous ne nous avez pas encore assez parlé de vous. Je veux tout savoir de tes débuts dans la vie.

OLIVIA . Dinah !

(DINA *s'assoit au piano et joue trente-deux mesures de "Si seulement vous pouviez vous en soucier".*)

PIM . Oh, nous sommes presque, pourrais-je dire, de vieux amis, Mme Marden.

(BRIAN *descend et s'agenouille sur le canapé* R., *écoutant* DINAH *jouant .*)

DINAH . Bien sur nous sommes. Il connaît Brian aussi. Il y a plus chez M. Pim que vous ne le pensez. Vous resterez déjeuner, n'est-ce pas ?

PIM . (*s'assoit sur le tabouret* LC) C'est très gentil de votre part de me le demander, Mme Marden, mais je déjeune avec les Trevor.

OLIVIA . Oh, eh bien, tu dois venir déjeuner un autre jour.

PIM . Oh, merci, merci.

DINAH . La raison pour laquelle nous aimons tant M. Pim est qu'il a été la première personne à nous féliciter. Nous sentons qu'il va avoir une grande influence sur nos vies.

PIM . (*à* OLIVIA). Pour ainsi dire, je suis tombé sur les fiançailles ce matin, et… euh…

OLIVIA . Je vois. Les enfants, vous devez aller vous ranger. Courir.

BRIAN . Sir Brian et Lady Strange ne courent jamais ; ils marchent.

(DINA *arrête de jouer* .) (*Offrant son bras* droit *et s'inclinant* .) Madame !

(DINA *fait la révérence et lui prend le bras et ils montent* C.)

(DINA *fait des pas hachés et serre la main de manière ludique à* M. PIM , *qui est amusé* .)

DINAH . Au revoir, M. Pim. (*Dramatiquement* .) Nous nous *reverrons* !

(PIM . *riant de bon cœur, se lève et s'incline* .)

(BRIAN *et* DINAH *sortez par la fenêtre en montant* C. *à* L.)

OLIVIA . Vous devez leur pardonner, M. Pim. Ce sont de tels enfants. Et naturellement, ils sont plutôt excités en ce moment.

PIM . Oh, naturellement, naturellement !

OLIVIA . Bien sûr, vous ne direz rien de leurs fiançailles. Nous en avons entendu parler il y a seulement cinq minutes et rien n'est encore réglé.

PIM . Bien sûr bien sûr!

(*Entrer* GEORGE *depuis l'escalier jusqu'à* R.)

GEORGE . Ah, M. Pim, nous nous rencontrons enfin. Désolé de vous avoir fait attendre auparavant. (*Serrant la main* .) Comment vas-tu ? Comment vas-tu?

PIM . Les excuses devraient venir de moi, M. Marden, pour avoir… euh…

GEORGE . Pas du tout. Très heureux de vous rencontrer maintenant. N'importe quel ami de Brymer. Vous voulez une lettre à cet homme Fanshawe ?

OLIVIA . Dois-je être sur votre chemin ?

PIM . Oh non, non, s'il te plaît, ne le fais pas.

GEORGE . Oh non. Ce n'est qu'une question de lettre. Fanshawe vous permettra de voir tout ce que vous voulez voir. (*Il s'approche du bureau et s'assoit*

.) C'est un très vieil ami à moi. (*Prenant une feuille de papier et se tournant sur une chaise pour* PIM .) Tu resteras déjeuner, bien sûr ?

PIM . C'est très gentil de votre part, mais je déjeune avec les Trevor. (*Il s'assoit sur le canapé R. et pose son chapeau et ses gants* .)

GEORGE . Ah, eh bien, ils s'occuperont bien de toi. Bon gars, Trevor.

PIM . Oh, très bien… très bien. (*À* OLIVIA .) Vous voyez, Mme Marden, je viens tout juste d'arriver d'Australie–(OLIVIA *s'arrête dans sa couture et* GEORGE *lève les yeux*) – après avoir voyagé à travers le monde pendant quelques années, et je suis plutôt déconnecté de mes – euh – collègues de travail à Londres.

OLIVIA . Je vois! Vous avez été en Australie, M. Pim ?

PIM . Oh, oui, je——

GEORGE (*après une forte toux*). Désolé de vous faire attendre, M. Pim. Je ne serai pas dans un instant.

PIM . Oh, ça va, merci. (*À* OLIVIA .) Oh, oui, je suis allée en Australie plus d'une fois ces dernières années.

OLIVIA . Vraiment? J'habitais à Sydney il y a de nombreuses années. Connaissez-vous Sydney ?

PIM . Oh, oui, j'étais...

GEORGES (*toux*). Bonjour ! Peut-être devrais-je mentionner que vous êtes un ami des Trevor ?
PIM . Merci merci. (*À* OLIVIA .) En effet oui, j'ai passé plusieurs mois à Sydney il y a quelques années.
OLIVIA . Comme c'est curieux ! Je me demande si nous avons des amis en commun là-bas.
GEORGE (*toux et bourru*). Extrêmement improbable, je pense. Sydney est une très grande ville.
PIM . C'est vrai, c'est vrai, mais le monde est un tout petit endroit, M. Marden. J'en ai eu un exemple remarquable, en venant sur le bateau la dernière fois.
GEORGE . Ah ! (*Sentant que la conversation est désormais sûre, il reprend sa lettre* .)
PIM . Oui. Il y avait un homme que j'employais à Sydney il y a quelques années, un mauvais garçon, j'en ai peur, Mme Marden, qui avait été en prison pour une sorte de promotion frauduleuse de l'entreprise et qui avait commencé à boire et–et ainsi de suite. .

OLIVIA . Oui, oui, je comprends.

PIM . Il s'est bu à mort, aurais-je dû dire. Je lui ai donné tout au plus un an à vivre. Pourtant, à ma grande surprise, la première personne que j'ai vue en montant à bord du bateau qui m'a amené en Angleterre la semaine dernière était cet homme. Il n'y avait aucun doute sur lui. Je lui ai parlé, en effet ; nous nous sommes reconnus.

(GEORGE *monte* .)

OLIVIA . Vraiment?

PIM . Il voyageait en direction ; nous ne nous sommes pas revus à bord, et comme cela s'est produit à Marseille, ce pauvre garçon... euh... comment s'appelait-il maintenant ? Un cas très inhabituel. Cela a commencé par un–un T, je pense.

OLIVIA (*avec un sentiment réprimé*). Oui, M. Pim, oui ? (*Elle tend la main vers* GEORGE .)

GEORGE (*à voix basse, lui prenant la main*). C'est absurde, ma chérie !

PIM (*triomphalement*). J'ai compris! Tel digne de ce nom !

OLIVIA (*se recule dans le canapé, vaincue*). Tel digne de ce nom !

GEORGE . Bon dieu!

PIM (*un peu surpris du succès de son histoire*). Un nom inhabituel, n'est-ce pas ? Pas un nom qu'on pourrait oublier une fois qu'on l'aurait entendu.

OLIVIA (*avec émotion, regardant dans le vide les mains serrées*). Non, ce n'est pas un nom qu'on pourrait oublier une fois qu'on l'a entendu.

GEORGE (*arrivant précipitamment vers* PIM). C'est tout à fait vrai, M. Pim, un nom des plus remarquables, une histoire tout à fait étrange. Eh bien, voici votre lettre–(PIM *se lève et raconte une lettre*)–et si vous êtes sûr que vous ne resterez pas déjeuner——

PIM . Non, merci. Vous voyez, je déjeune avec...

GEORGE . Avec les Trevor, oui. Je me souviens que tu me l'as dit. (*Il lui prend le bras et le pousse vers* C.) Je te verrai en chemin.... (*Pour* OLIVIA , *qui ne remarque rien* PIM *tendant la main pour dire au revoir.*) Euh–ma chère——

OLIVIA (*lui tendant la main, mais ne le regardant pas*). Au revoir, M. Pim.

PIM (*serrant la main de* OLIVIA). Au revoir au revoir!

GEORGES (*le prenant par le bras en remontant* L. *vers les fenêtres*). Par ici, par ici. Plus vite pour toi.

PIM , merci, merci.

(GEORGE *le précipite vers* C. *et il sort vers* L. OLIVIA *regarde dans le passé et frémit* . GEORGE *revient à* C.)

GEORGE . Bon dieu! Tel digne de ce nom ! (ANNE *entre par le haut* R. *et arrive au pied de l'escalier* .) Est-ce possible ?

(*Avant* OLIVIA *peut répondre,* DAME MARDEN *est annoncé* .)

ANNE . Dame Marden.

(GEORGE *traverse jusqu'à* OLIVIA *et lui touche l'épaule. Ils se ressaisissent et* OLIVIA *se lève et traverse vers* C. *pour saluer* LADY MARDEN , *qui n'apparaît pas* .)

RIDEAU RAPIDE.

ACTE II

SCÈNE .— *La même scène et mobilier avec ajout d'une table de camping et de cinq chaises de camping à l'extérieur sur la terrasse au centre arrière. Le déjeuner est terminé.* DAME MARDEN *le fouet et les gants sont sur la table d'écriture .*

(ANNE *entre avec du café pour cinq personnes sur un plateau, par la double porte* R., *et s'apprête à le déposer sur la table* LC *quand* OLIVIA , *qui la suit, dit* :)

OLIVIA . Nous prendrons un café en terrasse, Anne.

ANNE . Très bien, madame. (*Monte à gauche* et *place le plateau sur la table de camping sur la terrasse .*)

(DAME MARDEN *suit* OLIVIA *des portes doubles* R. ANNE *croix à l'arrière des fenêtres vers* R.)

OLIVIA . Nous prendrons un café en terrasse, tante Julia.

(DAME MARDEN *traverse devant* OLIVIA *et monte* L. *à travers les fenêtres et s'assoit* R. *au fond de la table de camp .* GEORGE *suit* LADY MARDEN , *rencontre* OLIVIA , *et tous deux lèvent les bras en désespoir de cause.* OLIVIA *traverse* L. *à travers les fenêtres et s'assoit à* L. *de la table de camp.* DINAH *et* BRIAN *suivre* GEORGE *sur .*)

(ANNE *sort aux portes* R.)

(GEORGE *se retourne et voit* DINAH *est ennuyé, suit* OLIVIA *vers le haut* L. *et se trouve* L. *de* DAME MARDEN .)

DINAH (*à* BRIAN). Je sais que tante Julia aime un peu de musique.

(DINA *se résume au piano et se met à la petite guitare.* BRIAN *se tourne vers* L. *en se moquant d'elle. Elle monte* à gauche *de la table d'écriture, jouant et chantant, et traverse le dos de la table d'écriture et s'assoit à* droite *de la table de camp,* BRIAN *la suit et se tient dos aux fenêtres.* GEORGE *et* DAME MARDEN *sont ennuyés par* CHEZ DINAH *jouer et lui dire d'arrêter, et elle le fait.* OLIVIA *verse du lait dans* CHEZ DINAH *tasse et* BRIAN *le lui passe; elle boit puis recommence à jouer et est arrêtée par les regards de* DAME MARDEN *et* GEORGE .)

DAME MARDEN (*à* DINAH). Non! Non! Ne le fais pas !

OLIVIA . Ta tante n'aime pas ça, chérie.

(GEORGE *et* OLIVIA *je veux être seul, alors fais-le* BRIAN *et* DINAH . *Enfin* BRIAN *murmure quelque chose à propos d'un étui à cigarettes, et attrapant* CHEZ DINAH *œil, entre dans la pièce. Il s'appuie contre le canapé en bas de* L. *et l'attend .*)

DINAH (*fortement, alors qu'elle arrive en grattant la guitare*). L'AS-tu trouvé?

BRIAN . J'ai trouvé quoi ?

DINAH (*de sa voix ordinaire, passant rapidement à* BRIAN). C'était juste pour *leur* bénéfice. J'ai dit que je t'aiderais à le trouver. C'est *votre* étui à cigarettes que nous recherchons, n'est-ce pas ?

BRIAN (*le sortant*). Oui. Avoir un?

DINAH . Non, merci, chérie. (BRIAN *monte* R. *dans une table fumeur pour une allumette* .) Tante Juli-ah pense toujours que ce n'est pas distingué... L'avez-vous déjà vue beagler ? (*Descend au piano, pose l'instrument* .)

BRIAN . Non. Est-ce que c'est très féminin ?

DINAH (*assise sur le canapé* R.). Très... Je dis, que s'est-il passé, pensez-vous ?

BRIAN (*descendant au fond de la table* RC). Tout. Je t'aime et tu m'aimes.

DINAH . Idiot! Je voulais dire entre George et Olivia. Vous ne les avez pas remarqués au déjeuner ?

BRIAN (*s'assoit sur la table*). J'ai remarqué que c'était vous qui parliez le plus. Mais j'ai déjà remarqué cela parfois. Pensez-vous qu'Olivia et votre oncle se sont disputés à cause de *nous* ?

DINAH . Bien sûr que non. George *pense peut-être* qu'il s'est disputé, mais je suis sûr que ce n'est pas le cas d'Olivia. Non (DINA *fait signe à* BRIAN , *qui vient s'asseoir au-dessus d'elle*), je crois que M. Pim est au fond. Il a apporté des nouvelles terriblement tristes concernant les investissements de George. (*Se levant et faisant face* BRIAN .) L'ancienne maison devra être vendue.

BRIAN . Bien. Alors ton oncle ne verra pas d'inconvénient à ce que tu m'épouses.

DINAH (*par table au-dessus du canapé* R.). Oui, chérie, mais tu dois être plus dramatique que ça. "George", dites-vous les larmes aux yeux, "je ne peux pas rembourser la totalité de l'hypothèque à votre place. Je n'ai que deux et neuf pence; mais laissez-moi au moins vous débarrasser de votre nièce." Ensuite, George (*le frappant sur l'épaule)* vous frappera dans le dos et vous dira d'un ton bourru (*se dirigeant vers* L.) : "Tu es un bon gars, Brian, un sacrément bon gars", et il se mouchera très fort. , et dites : "Confondre ce cigare, il ne tire pas correctement."

BRIAN (*se levant et traversant vers* DINAH). Dinah, tu es une idiote divine. Et vous devez simplement m'épouser, oncles ou pas.

DINAH . Faire taire! (*Elle lui prend la main et ils s'assoient sur le canapé* L., *se cachant des autres au fond*). Il faudra que ce soient des « oncles », j'en ai peur, parce que, voyez-vous, je suis sa pupille, et je peux être envoyé à la Chancellerie ou à Coventry ou dans un endroit bestial, si je me marie sans son consentement, n'est-ce *pas* ? quelqu'un qui s'oppose à ce que vous *m'épousiez* ?

BRIAN . Personne, Dieu merci.

DINAH . Eh bien, c'est plutôt décevant de votre part. Je me voyais fasciner votre vieux père en même temps que vous fasciniez George. J'aurais dû le faire bien mieux que toi. En tant que fascinateur de George, tu n'as pas beaucoup de succès, chérie.

BRIAN (*lui baisant la main*). Comment suis-je en tant que fascinateur Dinah ?

DINAH . Plus six, chérie.

BRIAN . Alors je m'en tiendrai à cela et laisserai George à Olivia.

DINAH . J'espère qu'elle s'en sortira bien. J'ai une grande confiance en Olivia. Mais tu m'épouseras de toute façon, n'est-ce pas, Brian ?

BRIAN . Je vais.

DINAH . Même si nous devons attendre que j'aie vingt et un ans ?

BRIAN . Même si nous devons attendre que tu aies cinquante et un ans.

DINAH (*lui tendant les mains*). Chéri!

BRIAN (*avec inquiétude*). Je dis, ne fais pas ça.

DINAH . Pourquoi pas?

BRIAN . Eh bien, j'ai promis de ne pas t'embrasser.

DINAH . Oh! (*Se levant et traversant vers* C., *regardant les autres au fond*). Eh bien, tu pourrais juste m'envoyer un baiser. Vous pouvez détourner le regard comme si vous ne saviez pas que j'étais là.

BRIAN . Comme ça?

(*Il regarde de l'autre côté, embrasse le bout de ses doigts et le lance négligemment dans sa direction. Elle fait semblant de l'attraper, en embrassant ses propres mains .*)

DINAH . C'était charmant. Maintenant, en voici un qui arrive pour vous.

(*Elle lui lance un baiser. Il l'attrape gracieusement et le porte à sa bouche .*)

BRIAN (*se levant et s'inclinant profondément*). Madame, je vous remercie.

DINAH (*faisant la révérence*). Votre serviteur, M. Strange,

OLIVIA (*se levant de l'extérieur*). Dinah !

DINAH (*sautant*). Tiens! (*Passant rapidement au piano, joue "Mickey".*)

(BRIAN *jette sa cigarette et se dirige vers* L.)

(OLIVIA *entre par la fenêtre en haut de L., suivi de* GEORGE *et* LADY MARDEN , *cette dernière une vigoureuse jeune femme d'une soixantaine d'années, qui a toujours l'air d'un beagl* .)

OLIVIA (*descendant à* DINAH *au dessus du piano*). Tante Julia veut voir les cochons, ma chérie. J'aimerais que tu la fasses tomber. Je suis plutôt fatigué et ton oncle a des affaires à régler.

(GEORGE *est assis sur la chaise C. devant la table d'écriture* .)

LADY MARDEN (*en descendant* C.), j'ai toujours dit que vous ne faisiez pas assez d'exercice, Olivia. (*Se tournant vers les autres* .) Regardez-moi, j'ai soixante-cinq ans et j'en suis fier. (*Monte* R. *et prend des gants et une cravache sur la table à écrire* .)

OLIVIA (*enlevant son manteau*). Oui, tante Julia, tu es merveilleuse.

DINAH . Quel âge aurait Olivia si elle faisait de l'exercice ?

(OLIVIA , *souriante, mais avec un regard réprimandeur* DINAH , *s'approche de* R. *et place son manteau sur la balustrade* .)

GEORGE (*de haut* C.). Ne pose pas de questions idiotes, Dinah. Ta tante n'a pas beaucoup de temps.

BRIAN . Puis-je venir aussi, Lady Marden ?

LADY MARDEN (*descendant au centre pour* BRIAN). Eh bien, un peu d'exercice ne *vous ferait pas* de mal, M. Strange. Vous êtes un artiste, n'est-ce pas ?

(DINA *arrête de jouer* .)

BRIAN . Eh bien, j'essaie de peindre.

DINAH (*se lève et passe au* RC). Il a vendu une photo en mars dernier pour...

GEORGE . Oui, oui, peu importe ça maintenant.

DAME MARDEN . Oui, une vie malsaine. (*Se dirigeant vers* la droite *du bureau et traversant au fond, se tourne vers* DINAH *et* BRIAN .) Eh bien, viens.

(*Elle monte* L. à grands pas, *suivie par* DINAH *et* BRIAN , *qui a bouleversé* GEORGES *papiers sur la table à écrire au fur et à mesure* . OLIVIA *prend les rideaux et la boîte de travail du placard* C. *et descend* L.)

GEORGE (*levant les yeux et voyant* OLIVIA). Vraiment, Olivia, nous avons quelque chose de plus important, de plus vital pour nous que les rideaux, à discuter, maintenant que nous *sommes* enfin seuls.

OLIVIA . Je n'allais pas en discuter, chérie. (*S'assoit* .)

GEORGE . Bien sûr, je suis toujours heureux de voir tante Julia chez moi, mais j'aurais aimé qu'elle n'ait pas choisi ce jour parmi tous les jours pour venir déjeuner.

OLIVIA . Ce n'était pas la faute de tante Julia. C'est vraiment M. Pim qui a choisi le mauvais jour.

GEORGE (*farouchement et montant*). Mon Dieu, est-ce vrai ?

OLIVIA . À propos de Jacob Telworthy?

GEORGE . Vous m'avez dit qu'il était mort. (*Descendons à L. de la table* LC .) Vous avez toujours dit qu'il était mort.

OLIVIA . Eh bien, j'ai toujours pensé qu'il était mort. Il était aussi mort que n'importe qui pouvait l'être. Tous les journaux disaient qu'il était mort.

GEORGES (*avec mépris*). Les papiers ! (*Il se dirige vers la table pour fumer sa pipe* .)

OLIVIA (*comme si cela réglerait le problème* GEORGE). Le *Times* a déclaré qu'il était mort. Il y avait un paragraphe sur lui. Apparemment, même sa mort était frauduleuse.

GEORGE (*en descendant* C.). Oui, oui, je ne te blâme pas, Olivia, mais qu'est-ce qu'on va faire, telle est la question, qu'est-ce qu'on va faire ? Mon Dieu, c'est horrible ! (*Traversant vers la cheminée* .) Tu n'as jamais été marié avec moi ! Vous n'avez pas l'air de comprendre.

OLIVIA . C'est un peu difficile à réaliser. Vous voyez, cela ne semble pas avoir fait de différence sur notre bonheur.

GEORGE . Non, c'est ça qui est si terrible. (OLIVIA *lève l'air surpris* .) Je veux dire – eh bien, bien sûr, nous étions tout à fait innocents dans cette affaire. (*Il s'assoit dans le fauteuil en bas à gauche* .) Mais, en même temps, rien ne peut vaincre le fait que nous–nous n'avions pas le droit de–d'être heureux.

OLIVIA . Préféreriez-vous que nous soyons malheureux ?

GEORGE . Vous êtes la femme de Telworthy, c'est ce que vous ne semblez pas comprendre. Vous êtes la femme de Telworthy. Tu… euh… pardonne-moi, Olivia, mais c'est l'horrible vérité : tu as commis la bigamie quand tu m'as épousé. (*Avec horreur, remontant* L.) Bigamie ! (*Je reviens à* C.)

OLIVIA . C'est un vilain mot, n'est-ce pas ?

GEORGE . Oui, mais tu ne comprends pas. (*Descendant rapidement* C., *s'assoit sur le tabouret* LC, *face à elle* .) Écoute, Olivia, ma vieille, tout ça n'a aucun sens, hein ? Ce n'est pas votre mari, c'est un autre Telworthy que cet homme a rencontré. C'est vrai, n'est-ce pas ? Un autre escroc louche qui est arrivé sur le bateau, hein ? Ce genre de chose n'arrive pas à des gens comme *nous* — commettre la bigamie et tout ça. Un autre gars.

OLIVIA (*secouant la tête*). Je connaissais tous les escrocs louches de Sydney... Ils sont venus dîner... Il n'y en avait pas d'autres appelés Telworthy.

GEORGES (*se levant avec un geste de désespoir*). Eh bien, qu'allons-nous faire ?

OLIVIA . Vous avez renvoyé M. Pim si rapidement. Il aurait pu nous dire des choses. Les plans de Telworthy. Où il est maintenant. Vous l'avez fait partir si vite.

GEORGE . J'ai envoyé un message pour lui demander de revenir. Ma seule idée à ce moment-là était de le faire sortir de la maison, de faire taire les choses. (*En s'approchant de la table à écrire* .)

OLIVIA . On ne peut pas faire taire deux maris.

GEORGES (*désespéré*). Vous ne pouvez pas. (*Il s'assoit à la table d'écriture* .) Tout le monde le saura. Tout le monde!

OLIVIA . Les enfants, tante Julia, peuvent aussi bien le savoir maintenant que plus tard. M. Pim doit le faire, bien sûr.

GEORGE . Je n'ai pas l'intention de discuter de mes affaires privées avec M. Pim...

OLIVIA . Mais il s'y est plutôt mêlé, n'est-ce pas, et si vous voulez lui poser des questions...

GEORGE . Je propose seulement de lui poser une seule question. Je lui demanderai s'il est absolument certain du nom de cet individu. Je peux le faire assez facilement sans lui faire connaître la raison de ma demande.

OLIVIA . Vous ne pouviez pas vous tromper sur un nom comme Telworthy. Mais il pourrait nous dire quelque chose sur les projets de Telworthy. Peut-être qu'il retourne immédiatement en Australie. Peut-être qu'il pense que je suis mort aussi. Peut-être... oh, il y a tellement de choses que je veux savoir.

GEORGE . Oui, oui, chérie. Ce serait intéressant, c'est-à-dire qu'on veut naturellement savoir ces choses-là, mais bien sûr, cela ne fait aucune différence réelle. OLIVIA (*surprise*). Aucune différence?

GEORGE (*se levant et descendant vers l'arrière du canapé* L.). Eh bien, c'est-à-dire que vous êtes autant sa femme s'il est en Australie que s'il est en Angleterre.

OLIVIA . Je ne suis pas du tout sa femme. (*Secouant la tête* .) Jacob Telworthy est peut-être vivant, mais je ne suis pas sa femme. J'ai cessé d'être sa femme quand je suis devenue la tienne.

GEORGE . Tu n'as jamais *été* ma femme. (*Ennuyé et traversant vers* R. *et retour vers* LC) C'est ce qui est terrible. Notre union – tu me le fais dire, Olivia – n'a pas été sanctifiée par l'Église. Non sanctifié même par la loi. Légalement, nous vivons… eh bien, le problème est : comment est la Loi ? J'imagine que Telworthy pourrait divorcer… Oh, il semble impossible que de telles choses puissent *nous arriver* . (*En remontant* C.)

OLIVIA . Un divorce?

GEORGE . Je–je l'imagine.

OLIVIA . Mais alors nous pourrions *vraiment* nous marier, et nous ne devrions pas vivre dans–vivre dans–comme nous vivions auparavant.

GEORGE (*descendant à* R. *de la table* LC). Je ne peux pas te comprendre, Olivia. Vous en parlez si calmement, comme s'il n'y avait rien de répréhensible à divorcer.

OLIVIA . Oui mais--

GEORGE . Comme s'il n'y avait rien d'inhabituel à ce que j'épouse une femme divorcée.

OLIVIA . Oui mais--

GEORGE . Comme s'il n'y avait rien de mal à ce que nous ayons vécu ensemble pendant des années sans avoir été mariés.

OLIVIA (*posant ses mains sur la table*). Ce qui me semble faux, c'est que j'ai vécu cinq ans avec un homme méchant que je détestais. Ce qui me semble juste, c'est que j'ai vécu cinq ans avec un homme bon que j'aime.

GEORGE (*lui prenant les mains et lui tapotant affectueusement*). Oui, oui, ma chérie, je sais. (*Lâche ses mains et se dirige vers* C.) Mais le bien et le mal ne s'installent pas aussi facilement que cela. Nous vivions ensemble quand tu étais la femme de Telworthy. C'est *faux* .

OLIVIA . Tu veux dire méchant ?

GEORGE . Eh bien, sans aucun doute la Cour considérerait que nous avons agi en parfaite innocence...

OLIVIA . Quel tribunal ?

GEORGE . Eh bien, vous voyez, ma chère, ces choses doivent être faites légalement, bien sûr. (*Passons à* R. *sur le canapé et réfléchissons* .) Je crois que la méthode appropriée est une action en nullité, déclarant notre mariage nul et non avenu. Cela effacerait, pour ainsi dire, ces années de… euh—(*Revenons à* C.)

OLIVIA . La méchanceté?

GEORGE . D'union irrégulière, et-euh-alors...

OLIVIA . Ensuite, je pourrais retourner auprès de Jacob... Tu le penses vraiment, George ?

GEORGES (*avec inquiétude*). Eh bien, chérie, tu vois, c'est comme ça que les choses sont, on ne peut pas échapper à... euh...

OLIVIA . Selon vous, Telworthy a le plus grand droit ? Êtes-vous prêt à... lui céder la place ?

GEORGE . L'Église et la loi diraient que je n'avais aucun droit, j'en ai peur. Je–je suppose que non.

OLIVIA . Je vois. (*Elle le regarde avec curiosité* .) Merci d'avoir été si clair, George.

GEORGE . Bien sûr, que vous retourniez ou non à... euh... Telworthy est une tout autre affaire. (*Traversée vers la cheminée* .) Ce serait naturellement à vous d'en décider.

OLIVIA (*joyeusement*). C'est à moi et à Jacko de décider.

GEORGE . Euh–Jacko ?

OLIVIA . J'avais l'habitude d'appeler mon premier mari, je veux dire mon unique mari, Jacko. Je n'aimais pas le nom de Jacob, et Jacko semblait lui convenir d'une manière ou d'une autre. (*J'apprécie la blague* .) Il avait des bras très longs. (GEORGE *est très ennuyé* .) Pauvre Jacko.

GEORGES (*ennuyé*). Tu ne sembles pas réaliser que ce n'est pas une blague, Olivia.

OLIVIA (*toujours amusée*). Ce n'est peut-être pas une blague, mais c'est drôle, n'est-ce pas ?

GEORGE . Je dois dire que je ne vois rien de drôle dans une tragédie qui a détruit deux vies.

OLIVIA . Deux? Oh, mais la vie de Jacko n'est pas détruite. Elle vient de lui être miraculeusement restituée. Et une femme aussi. Il n'y a rien de tragique là-dedans pour Jacko.

GEORGES (*avec raideur*). Je faisais référence à *nos* deux vies – la vôtre et la mienne.

OLIVIA . Le vôtre, Georges ? Votre vie n'est pas détruite. La Cour vous absoudra de tout blâme ; vos amis sympathiseront avec vous et vous diront que j'étais une femme créatrice qui vous a délibérément accueilli ; ta tante Julia–

GEORGE (*surmené*). Arrête ça! (*S'approchant d'elle* .) Que veux-tu dire ? N'as-tu pas de cœur ? (OLIVIA *pousse un petit cri blessé* .) Tu penses que je *veux* te perdre, Olivia ? (*S'assoit sur son* L.) Pensez-vous que je *veux que* ma maison soit détruite comme ça ? N'as-tu pas été heureux avec moi ces cinq dernières années ?

OLIVIA . Très heureux.

GEORGE . Alors, comment peux-tu parler ainsi ?

OLIVIA . Mais tu veux me renvoyer,

GEORGE . Et c'est reparti. Je ne *veux pas* . J'ai à peine eu le temps de réaliser ce que cela signifiera pour moi lorsque tu partiras. Le fait est que je n'ose tout simplement pas m'en rendre compte. Je n'ose pas y penser.

OLIVIA . Essaie d'y penser, George.

GEORGE . Et tu parles comme si je *voulais* te renvoyer !

OLIVIA . Essaie d'y réfléchir, George.

GEORGE . Vous ne semblez pas comprendre que je ne vous *renvoie pas* . Tu n'es tout simplement pas à moi.

OLIVIA . À qui suis-je ?

GEORGE (*dubitativement*). Celui de votre mari. Telworthy.

OLIVIA (*doucement*). Si j'appartiens à quelqu'un d'autre qu'à moi-même, je pense que je t'appartiens.

GEORGE . Pas aux yeux de la Loi. Pas aux yeux de l'Église. Pas même aux yeux de… euh…

OLIVIA . Le comté?

GEORGES (*ennuyé*). J'étais sur le point de dire "Ciel".

OLIVIA . Oh!

GEORGE (*se levant et traversant en bas* OLIVIA *à* C.). Que cela *nous* arrive !

(OLIVIA *travaille en silence. Puis elle secoue ses rideaux* .)

OLIVIA (*les regardant*). J'espère que Jacko aimera ça.

GEORGE (*se tournant et voyant les rideaux*). Quoi! Vous…(*S'approchant d'elle rapidement et la prenant par les mains la soulève du canapé* .) Olivia, Olivia, tu n'as pas de cœur ?

OLIVIA . Devez-vous parler ainsi à la femme d'un autre homme ?

GEORGE . Bon sang, c'est juste une blague pour vous ?

OLIVIA . Tu dois me pardonner, George ; Je suis un peu surexcité à l'idée de retourner auprès de Jacob.

GEORGE . *Voulez* -vous revenir vers lui ?

OLIVIA . On veut faire ce qui est juste. Aux yeux du… euh… Ciel.

GEORGE . Vu quel genre d'homme il est, je n'ai aucun doute que vous pourriez obtenir une séparation, en supposant qu'il n'ait pas… euh… divorcé de vous. Je ne sais pas *ce qui* est le mieux. Je dois consulter mon avocat. Toute la situation nous a été imposée, et (*il s'assoit misérablement sur le tabouret* LC) Je ne sais pas, je ne sais pas. Je ne peux pas tout comprendre. (*Il se penche en avant et enfouit son visage dans ses mains* .)

OLIVIA . N'aimerais-tu pas aussi consulter ta tante Julia ? Elle pourrait vous dire ce que le Comté – je veux dire ce que le Ciel en pensait vraiment.

GEORGE . Oui oui. Tante Julia a beaucoup de bon sens. Tu as tout à fait raison, Olivia. Ce n'est pas quelque chose que nous pouvons cacher à la famille.

OLIVIA . Est-ce que je l'appelle toujours *tante* Julia ?

(ANNE *arrive par l'escalier qui monte vers* R. GEORGE *ne la voit pas, mais* OLIVIA *attire son attention* .)

GEORGES (*levant les yeux vers* OLIVIA). Quoi? Quoi? (*Montée et traversée jusqu'à* ANNE .) Eh bien, qu'est-ce que c'est ?

ANNE . M. Pim dit qu'il descendra immédiatement, monsieur.

GEORGE . Oh, merci, merci.

(OLIVIA *ramasse les rideaux.* ANNE *sort par l'escalier en haut* R.)

OLIVIA . George, M. Pim doit le savoir.

GEORGE . Je n'en vois pas la nécessité.

OLIVIA . Même pas pour moi ? Lorsqu'une femme apprend soudain que son mari, perdu depuis longtemps, lui est rendu, ne pensez-vous pas qu'elle a envie de poser des questions ? Où vit-il, et à quoi ressemble-t-il, et…

GEORGES (*très en colère, va à la table d'écriture, s'assoit*). Bien sûr, si ces choses vous intéressent…

OLIVIA . Comment puis-je m'empêcher d'être ? Ne sois pas si stupide, George. (*Se déplace jusqu'à* R. *de* GEORGE *avec les rideaux sur son bras* .) Nous *devons* savoir ce que Jacko—

GEORGE (*ennuyé*) J'aimerais que tu ne l'appelles pas par ce nom ridicule.

OLIVIA . Mon mari-

GEORGES (*grimaçant*). Oui, eh bien, votre mari ?

OLIVIA . Eh bien, nous devons connaître ses projets – où nous pouvons communiquer avec lui, et ainsi de suite.

GEORGE . Je n'ai aucune envie de communiquer avec lui.

OLIVIA . J'ai bien peur que vous deviez le faire, ma chère.

GEORGE . Je n'en vois pas la nécessité.

OLIVIA . Eh bien, vous aurez envie de–de lui présenter vos excuses pour avoir vécu si longtemps avec sa femme. (GEORGE *la regarde et se retourne vers elle, perplexe*). Et comme je lui appartient, il faudrait lui dire où il peut m'appeler.

GEORGE (*après s'être débattu et s'être gratté la tête*). Vous l'exprimez d'une manière très particulière, mais je comprends votre point de vue. (*Avec un frisson .*) Oh, quelle horrible publicité tout cela ! (*Il se détourne et s'appuie sur la table à écrire .*)

OLIVIA (*s'approchant de lui et le réconfortant en posant ses mains sur ses épaules*). Pauvre Georges. Cher, ne pense pas que je ne sympathise pas avec toi. Je comprends donc exactement ce que tu ressens. La publicité ! C'est terrible.

GEORGE (*misérablement et se tournant vers elle sur sa chaise*). Je veux faire ce qui est bien. Vous le croyez, n'est-ce pas ?

OLIVIA . Bien sur que oui. (*en lui enlevant les mains .*) C'est seulement que nous ne sommes pas tout à fait d'accord sur ce qui est bien et ce qui ne va pas.

GEORGE . Il ne s'agit pas d'être d'accord. Le bien est le bien et le mal est le mal, partout dans le monde.

OLIVIA (*avec un petit sourire triste*). Mais plus particulièrement dans le Buckinghamshire, je pense.

GEORGE . Si je ne pensais qu'à moi-même, je dirais : « Ramenons cet homme Telworthy en Australie. Il ne ferait aucune réclamation. Il accepterait de l'argent pour partir et n'en dirait rien. Si je consultais simplement mon propre bonheur, Olivia, voilà ce que je dirais. Mais quand je consulte–euh–

OLIVIA (*avec beaucoup d'émotion*). Le mien?

GEORGE . Ma conscience———

OLIVIA (*déçue*). Oh!

GEORGE . Alors je ne peux pas le faire. (*Se lève et monte* L.) C'est faux.

OLIVIA (*faisant son premier appel*). Oui; mais, George, tu ne penses pas que je vaux un peu…

GEORGES (*se retournant et voyant* DINAH *à venir*). Chut ! Dinah ! (*Revient à la table d'écriture. Fort pour* CHEZ DINAH *avantage* .) Eh bien, alors je lui écrirai et… Ah, Dinah, où est tante Julia ?

DINAH (*venant de* L.). Nous avons vu les cochons, et maintenant elle discute de l'art du Landseer avec Brian. (*Traversant devant le bureau pour* OLIVIA .) Je suis juste venu demander–

OLIVIA . Dinah, chérie, amène tante Julia ici. Et Brian aussi. Nous avons des choses dont nous voulons parler avec vous tous.

DINAH . C'est vrai ! (*Remonte* L.)

GEORGES (*indigné*). Olivia !

DINAH (*s'ouvrant sur la terrasse*). Ce que c'est drôle!

(OLIVIA *se dirige vers la table* LC *et récupère sa boîte à ouvrage. Sortie* DINAH L.)

GEORGE . Olivia, tu ne suggères pas sérieusement que nous discutions de ces choses avec une enfant comme Dinah et un jeune homme comme Strange, une simple connaissance.

OLIVIA . Dinah devra le savoir. Je l'aime beaucoup, George. Tu ne peux pas me renvoyer sans le dire à Dinah. Et Brian est mon ami. (*Il se dirige vers le cabinet, place les rideaux et la boîte à travail sur le dessus du cabinet* .) Vous avez votre avocat, votre tante et votre conscience à consulter – ne puis-je même pas avoir Brian ?

GEORGES (*oubliant*). J'aurais dû penser que ton *mari* …

OLIVIA (*descendant à l'arrière du canapé* L.). Oui, mais nous ne savons pas où est Jacko.

GEORGE . Je ne faisais pas référence à… euh… Telworthy.

OLIVIA . Eh bien?

GEORGE . Oh, bien sûr… Vous… naturellement, je… Oh, c'est horrible ! (*Il est assis, le visage dans les mains, à la table d'écriture* .)

(OLIVIA *est sur le point de lui parler comme* DAME MARDEN *entre par le haut de* L. LADY MARDEN *regarde* GEORGE , *descend ensuite au centre.* DINAH *suit et vient à* l' *extrémité arrière gauche du canapé.* BRIAN *suit* DINAH *et vient au fond de la table* LC OLIVIA *se déplace vers l'extrémité* gauche *du canapé* L.)

OLIVIA (*après une pause*). George et moi avons eu de plutôt mauvaises nouvelles, tante Julia. Nous voulions vos conseils. Où vas-tu t'asseoir ?

DAME MARDEN . Merci, Olivia. Je peux m'asseoir seul.

(*Elle le fait, sur l'extrémité inférieure du canapé* R., *en éloignant le coussin* .)

OLIVIA (*à* DINAH). Asseyez-vous là, ma chérie.

(DINA *s'assoit dans le fauteuil en bas de* L. *et* OLIVIA *sur le canapé* L. *Il y a une bonne pause* . TOUS *ont l'air très mal à l'aise* .)

DAME MARDEN . Bien qu'est-ce que c'est?

(*Une autre pause* . TOUT *ont toujours l'air très mal à l'aise* .)

De l'argent, je suppose ; personne n'est en sécurité de nos jours.

(*Il y a une autre bonne pause* . GEORGE *regarde désespérément vers* DAME MARDEN . BRIAN *s'avance avec curiosité vers* GEORGES , *qui se retourne et relève peu à peu la tête aperçoit* BRIAN *et lui lance un regard sévère et* BRIAN *se retire rapidement au fond de la table* LC .)

GEORGE (*demandant de l'aide*). Olivia——

OLIVIA (*après une pause*). Nous venons d'apprendre que mon premier mari est toujours en vie.

DINAH . Tel digne de ce nom !

BRIAN . Bon dieu!

DAME MARDEN . George!

DINAH (*avec enthousiasme*). Et ce matin encore, je disais qu'il ne s'était jamais passé rien dans cette maison ! (*Se levant du fauteuil et s'asseyant à* gauche *de* OLIVIA *et avec remords envers elle* .) Chérie, je ne veux pas dire ça. Chéri!

DAME MARDEN . Qu'est-ce que ça veut dire, Georges ? Je te laisse dix minutes – à peine dix minutes – pour aller voir les cochons, et quand je reviens tu me dis qu'Olivia est bigame.

(DINA *saute et se déplace vers* L. *du canapé* L.)

BRIAN (*s'avançant avec indignation vers* DAME MARDEN). Je dis--

OLIVIA (*le retenant*). Chut !

BRIAN (*à* OLIVIA *et lui passant la main sur la table* LC). Si c'est une dispute, je suis de votre côté.

DAME MARDEN . Eh bien, Georges ?

GEORGES (*se levant et descendant vers* DAME MARDEN). J'ai bien peur que ce soit vrai, tante Julia. (*Il prend le tabouret de* LC *à* C. *et s'assoit dessus* . DINAH *est assis dans le fauteuil en bas à gauche* .) Nous avons appris la nouvelle juste avant le déjeuner, juste avant votre arrivée. Nous avons seulement à ce moment-là l'occasion d'en parler, de nous demander quoi faire.

DAME MARDEN . Quel était son nom… Tél… quelque chose…

OLIVIA . Jacob Telworthy.

LADY MARDEN (*avec étonnement*). Donc il est toujours en vie ?

GEORGE . Apparemment. Cela ne semble faire aucun doute.

DAME MARDEN (*à* OLIVIA). Vous ne l'avez pas *vu* mourir ? Je devrais toujours vouloir *voir* mon mari mourir avant de me remarier. De toute façon, je n'approuve pas les seconds mariages. Je te l'ai dit à l'époque, George.

OLIVIA . *Et* moi, tante Julia.

DAME MARDEN . Ai-je? Eh bien, je dis généralement ce que je pense.

GEORGE . Je dois vous dire, tante Julia, qu'Olivia n'est pas blâmée à ce sujet. J'en suis parfaitement satisfait. Ce n'est la faute de personne, sauf...

DAME MARDEN . Sauf celui de Telworthy. *Il* semble avoir été plutôt négligent. Eh bien, qu'est-ce que tu vas faire à ce sujet ?

GEORGE . C'est ça. C'est une situation terrible (*Avec un geste de désespoir* .) Il y aura forcément beaucoup de publicité. Pas seulement tout cela, mais… mais aussi le passé de Telworthy.

DAME MARDEN . J'aurais dû dire que c'était le cadeau de Telworthy qui posait problème. Avait-il aussi un passé ?

OLIVIA . Il s'agissait d'un promoteur d'entreprise frauduleux. Il est allé souvent en prison.

(*Consternation générale* . BRIAN *donne un long sifflement et monte* .)

DAME MARDEN . George, tu ne m'as jamais dit ça !

GEORGE . Je–euh…

OLIVIA . Je ne vois pas *pourquoi* il voudrait en parler.

DINAH (*se levant avec indignation et se dirigeant vers l'extrémité gauche du canapé* G.). De toute façon, qu'est-ce que ça a à voir avec Olivia ? Ce n'est pas *sa* faute.

LADY MARDEN (*sarcastiquement et avec insistance*). Oh non, j'ose dire que c'est le mien.

(*Il y a une pause inconfortable* .)

OLIVIA (*à* GEORGE). Vous vouliez demander à tante Julia quelle était la bonne chose à faire.

BRIAN (*traversant LC et éclatant*). Mon Dieu, que faire sinon la seule et unique chose ? (*Ils le regardent tous et il devient gêné et recule un peu la scène* .) Je suis désolé. Tu ne veux pas que *je*———

OLIVIA (*passant sa main sur la table* LC). *Oui* , Brian.

DAME MARDEN . Eh bien, continuez, M. Strange. Que feriez *-vous* à la place de George ?

BRIAN (*traverse jusqu'au fond de la table* LC). Faire? Dis à la femme que j'ai aimé : "Tu es *à moi* (*frappe la table avec son poing*), et laisse cet autre foutu venir te prendre s'il le peut !" Et il ne pourrait pas – comment le pourrait-il ? – pas si la femme *me choisissait* .

(DAME MARDEN *regarde* BRIAN *avec étonnement* , GEORGES *en colère* . OLIVIA *lui serre la main avec gratitude. Il a dit ce qu'elle attendait – oh, avec tant d'impatience –* GEORGE *dire* . GEORGE *se lève et va en colère vers* BRIAN , *qui le défie* . GEORGE *est maîtrisé et se déplace impuissant vers* C. *suivi de* BRIAN , *qui est toujours provocant* . DINAH *s'élève et monte* L. *et arrondit le dossier du canapé* L. *et jusqu'à gauche de* BRIAN *et lui prend le bras* .)

DINAH (*avec adoration*). Ah Brian ! (*Dans un murmure fort* .) C'est *moi* , n'est-ce pas, et pas Olivia ?

BRIAN . Toi bébé, bien sûr !

DAME MARDEN . J'ai peur, M. Strange (DINAH *avec une exclamation de contrariété descend à* L. *de canapé* L.), vos mœurs sont aussi particulières que vos vues sur l'Art.

BRIAN (*jusqu'au fond de la table* LC). Ce n'est pas une question de morale ou d'art, c'est une question d'amour.

DINAH . Entendre entendre!

DAME MARDEN (*à* GEORGE). N'est-ce pas encore l'heure de se coucher pour cette fille ?

OLIVIA (*à* DINAH *et lui prenant la main*). Nous la laisserons assise un peu plus longtemps si elle va bien.

DINAH . Je serai gentil, Olivia (*agressivement pour* LADY MARDEN), je pensais seulement que n'importe qui, aussi important soit-il, était autorisé à dire « Écoutez, écoutez ! »

GEORGE (*en descendant* C.). Vraiment, Olivia, je pense vraiment que nous pourrions mieux en discuter si M. Strange emmenait Dinah se promener. Étrange, si vous… euh…

OLIVIA . Dites-leur d'abord ce que vous avez réglé, George.

DAME MARDEN . Réglé? Qu'y a-t-il à régler ? Cela s'installe.

GEORGES (*malheureusement*). C'est ça.

DAME MARDEN . Le mariage doit être annulé – c'est bien le mot, George ?

GEORGE . Je le présume. (*S'assoit sur le tabouret* C.)

DAME MARDEN . Bien entendu, votre avocat saura tout cela.

BRIAN . Et quand le mariage est annulé, que se passe-t-il ?

DAME MARDEN . Vraisemblablement, Olivia retournera auprès de son mari.

BRIAN (*amèrement à* DAME MARDEN). Et *c'est ça* la moralité ! Comme l'explique Mgr Landseer !

GEORGE (*en colère, se levant et faisant face* BRIAN). Je ne sais pas ce que vous entendez par Mgr Landseer. La moralité agit conformément aux lois du pays et aux lois de l'Église. Je suis tout à fait prêt à croire que votre credo n'embrasse ni le mariage (DINAH *pousse un petit cri et frappe un coussin sur le canapé avec colère*) ni monogamie, mais mon credo est différent.

BRIAN (*farouchement*). Mon credo inclut à la fois le mariage et la monogamie, et la monogamie signifie rester fidèle à la femme que vous aimez, aussi longtemps qu'elle vous veut.

LADY MARDEN (*calmement*). Vous suggérez que George et Olivia continuent à vivre ensemble, même s'ils n'ont jamais été légalement mariés. Que penses-tu que le comté dirait ?

BRIAN (*avec mépris*). Est-ce que ça importe?

DINAH . Eh bien, si vous voulez vraiment savoir, les hommes diraient : « Bon Dieu, c'est une femme bien ; je ne m'étonne pas qu'il s'en tienne à elle », et les femmes diraient : « Je n'arrive pas à *penser* à ce qu'il voit en elle. rester avec elle comme ça", et ils disaient tous les deux : "Après tout, c'est peut-être un foutu imbécile, mais on ne peut pas nier qu'il est un sportif."

(DAME MARDEN *est très indigné* .)

GEORGES (*avec indignation*). Est-ce pour ce genre de choses, Olivia, que tu as insisté pour que Dinah et M. Strange soient ici ? M'insulter chez moi ?

DAME MARDEN . Je n'arrive pas à imaginer à quoi les jeunes en viennent aujourd'hui.

OLIVIA . Je pense, chérie, que toi et Brian feriez mieux d'y aller.

DINAH (*se levant*). Nous irons. (*Traversée en bas* OLIVIA *et posant son genou sur un tabouret et regardant effrontément Le visage* de GEORGE .) Mais je vais juste dire une chose, oncle George. Brian et moi *allons* nous marier, et quand nous serons mariés, nous resterons ensemble, quel que soit le nombre de nos maris et femmes décédés qui reviennent ! Allez, Brian. (*Elle monte C. et passe par la fenêtre et sort indignée, suivie de* BRIAN R.)

(GEORGE *les suit* .)

GEORGE . Ma foi, c'est une discussion agréable.

OLIVIA . Je pense que la discussion est terminée, George. Il s'agit seulement de savoir où j'irai pendant que vous apportez votre... comment appeliez-vous cela ?

DAME MARDEN (*à* GEORGE). Poursuite en nullité. Je suppose que *c'est* la meilleure chose ?

GEORGE . C'est horrible. (*Descendre entre les selles et* LADY MARDEN .) L'horrible publicité. Que cela *nous* arrive , c'est ce dont je n'arrive pas à me remettre.

DAME MARDEN . Je ne me souviens de rien de tel dans la famille Marden auparavant.

GEORGES (*distraitement*). Dame Fanny.

LADY MARDEN (*se souvenant*). Oui bien sûr; mais c'était il y a deux cents ans. Les normes étaient alors différentes. (*Montant et remontant* de C. *à* R.) D'ailleurs, ce n'était pas tout à fait pareil, de toute façon.

GEORGES (*distraitement*). Non, ce n'était pas tout à fait pareil.

LADY MARDEN (R. *de la table à écrire*). Non, nous le ressentirons tous. Terriblement.

GEORGE (*ses excuses*). S'il y avait un autre moyen ! Olivia, que *puis* -je faire ? C'est le seul moyen, n'est-ce pas ? Tout ce que dit ce type – bien sûr, cela sonne très bien – mais comme les choses sont... (*Traversée vers* OLIVIA .) Y a-t -il quelque chose dans le mariage, ou pas ? Vous croyez que oui, n'est-ce pas ? Vous n'êtes pas un de ces socialistes. Alors, est- ce qu'on *peut* continuer à vivre ensemble quand tu es la femme d'un autre ? Ce n'est pas seulement ce que les gens diront, mais c'est *faux* , n'est-ce pas ?... Et à supposer qu'il ne divorce pas, allons-nous continuer à vivre ensemble, célibataires, pour *toujours* ? (DAME MARDEN *se retourne et écoute* .) Olivia, tu sembles penser que je pense juste à la publicité, à ce que les gens diront. Je ne suis pas. Je ne suis pas. Cela vient de quelque manière que ce soit. Mais je veux faire ce qui est bien, ce qui est le mieux. Je ne parle pas de ce qui est le mieux pour nous, de ce qui nous rend le plus heureux, je veux dire de ce qui est vraiment le mieux, de ce qui est le plus juste. Ce que n'importe qui d'autre ferait à ma place. (OLIVIA *lui tend amoureusement les mains* .) *Je* ne sais pas. C'est tellement injuste. Tu n'es pas du tout ma femme, mais je veux faire ce qui est bien... (*s'assoit au pied de la table* LC) Oh, Olivia, Olivia, tu comprends, n'est-ce pas ?

(*Ils ont tous les deux oublié* DAME MARDEN . OLIVIA *ne le quitte jamais des yeux alors qu'il fait sa dernière tentative pour se convaincre .*)

OLIVIA (*presque tendrement*). Alors très, très bien, George. Oh, je comprends exactement ce que tu ressens. Et oh, j'aimerais tellement que tu puisses – (*avec un petit soupir*) – mais alors ce ne serait pas George, pas le George que j'ai épousé – (*avec un petit rire triste*) – ou que je ne me suis pas vraiment marié.

DAME MARDEN . Je dois dire que je pense que vous parlez tous les deux de manière un peu extravagante.

OLIVIA (*le répétant, oh, si tendrement*). Ou alors je ne me suis pas vraiment marié.

(*Elle le regarde de tout son cœur dans les yeux. Elle lui donne sa dernière chance de dire " Merde Telworthy, tu es à moi ! " Il se lève et se dirige vers* R. *Il lutte désespérément avec lui-même, se tourne vers* OLIVIA .)

GEORGE . Olivia ! Olivia ! Mon chéri!

(*Elle se lève. Il se dirige vers elle et la prend dans ses bras .*)

(ANNE *entre par les doubles portes* R.)

ANNE . M. Pim est là, monsieur.

OLIVIA (*le poussant*). M. Pim, mon cher.

GEORGES (*sortant de la lutte avec effort*). Pim ? Pim ? Oh, ah, oui, bien sûr. (*En traversant jusqu'à* ANNE .) M. Pim. (*Levant les yeux .*) Où l'as-tu mis ?

OLIVIA . Je veux aussi voir M. Pim, George.

LADY MARDEN (*descendant de C. à* R. *de la table* LC). Qui diable est M. Pim ?

OLIVIA . Montre-lui ici, Anne. (GEORGE *revient à* C.)

ANNE . Oui madame.

(*Elle sort par la double porte* R.)

OLIVIA . C'est M. Pim qui nous a parlé de mon mari. Il l'a croisé dans le bateau et l'a reconnu comme étant le Telworthy qu'il avait connu en Australie.

DAME MARDEN . Oh! Dois-je gêner ? (*Descendre au* RC)

GEORGE . Non non. Ça n'a pas d'importance, n'est-ce pas, Olivia ?

OLIVIA . Reste s'il te plait.

(DAME MARDEN *est assis* R. *canapé .*)

(ANNE *entre par des portes doubles suivi de* M. PIM .)

ANNE . M. Pim.

GEORGE (*se ressaisissant*). Ah, M. Pim ! C'est très gentil à vous d'être venu.

PIM . Ah, pas du tout !

GEORGE . Le fait est que… euh… (*C'en est trop pour lui ; il regarde désespérément* OLIVIA .)

OLIVIA . Nous sommes vraiment désolés de vous déranger, M. Pim. Au fait, connaissez-vous Lady Marden ?

PIM (*au centre*). Non, je n'ai pas cet honneur.

GEORGES (*présentant*). Ma tante! M. Pim.

(M. PIM *et* DAME MARDEN *saluez-vous les uns les autres* .)

OLIVIA . Venez vous asseoir, n'est-ce pas ? (*Pim se dirige vers* L., *se retourne et heurte* GEORGE , *qui le suit. Elle lui fait de la place sur le canapé à côté d'elle.*) Le fait est, Monsieur Pim, que vous nous avez fait une plutôt surprise ce matin, et avant que nous ayons eu le temps de comprendre ce que tout cela signifiait, vous étiez parti.

PIM . Une surprise, Mme Marden ? Cher moi, pas désagréable, j'espère ?

OLIVIA . Eh bien, plutôt surprenant. (DAME MARDEN *tousse* .)

(*Pim s'assoit à* R. *de* OLIVIA , *qui prend son chapeau et le place sur son* L.)

GEORGES (*se tourne vers* DAME MARDEN). Olivia, laisse-moi un moment. M. Pim, vous avez mentionné un homme appelé Telworthy ce matin. Ma femme le faisait (LADY MARDEN *donne une toux prononcée*)–c'est-à-dire que je le faisais–c'est-à-dire qu'il y a des raisons–

OLIVIA . Je pense que nous ferions mieux d'être parfaitement francs, George.

LADY MARDEN (*agressivement*). J'ai soixante-cinq ans, Monsieur Pim, et je peux dire que je n'ai jamais eu un seul instant de malaise en (*lui frappant le genou avec la main, le bâton dans la main gauche*) en disant la vérité.

(PIM *et* DAME MARDEN *fixez-vous les uns les autres avec un regard* . PIM *puis regarde* OLIVIA *et* GEORGE *et s'appuie sur le canapé* .)

PIM (*après un effort désespéré pour suivre la conversation*). Oh !... Je... euh... j'ai bien peur d'être plutôt en mer. Ai-je... euh... oublié quelque chose en vous présentant mes lettres de créance ce matin ?

GEORGE *et* OLIVIA : Oh non !

PIM . Ce Telworthy dont vous parlez – il me semble me souvenir du nom –

OLIVIA . Monsieur Pim, vous nous avez parlé ce matin d'un homme que vous aviez rencontré sur le bateau, un homme descendu dans le monde, que vous aviez connu à Sydney. Un homme appelé Telworthy.

PIM (*soulagé*). Ah, oui, oui, bien sûr. (*À* OLIVIA .) J'ai bien dit Telworthy, n'est-ce pas ? Coïncidence la plus curieuse, Lady Marden. Pauvre homme, pauvre homme ! Laisse-moi voir, ça devait être il y a dix ans…

GEORGE . Juste un instant, M. Pim. Vous êtes sûr qu'il s'appelait Telworthy ?

PIM (*à* GEORGE). Telworthy – Telworthy – n'ai-je pas dit Telworthy ? Oui, c'était ça – Telworthy. Pauvre gars!

OLIVIA . Je vais être parfaitement franc avec vous, monsieur Pim. Je suis sûr de pouvoir te faire confiance.

PIM . Oh, Mme Marden !

OLIVIA . Cet homme Telworthy que vous avez rencontré est mon mari.

PIM . Ton mari! (*Il regarde avec une légère surprise* GEORGE .) Votre–euh———

OLIVIA . Mon premier mari. Son décès a été annoncé il y a six ans. Je l'avais quitté quelques années auparavant, mais votre histoire ne fait aucun doute qu'il est toujours en vie. Son palmarès – le pays d'où il vient – et surtout son nom très inhabituel – Telworthy.

PIM . Telworthy – oui – certainement un nom des plus singuliers. Je me souviens de l'avoir dit. Votre premier mari ? Cher moi! Cher moi!

GEORGE . Vous comprenez, Monsieur Pim, que tout cela est en toute confiance.

PIM (*se tournant vers* GEORGE). Bien sûr bien sûr.

OLIVIA (*lui tirant le bras pour essayer d'attirer son attention*). Eh bien, puisqu'il est mon mari, nous voulons naturellement savoir quelque chose sur lui. Où est-il maintenant, par exemple ?

PIM (*surpris et se tournant vers* OLIVIA). Où est-il maintenant? Mais je te l'ai sûrement dit ? Je vous ai raconté ce qui s'est passé à Marseille ?

GEORGE . A Marseille ?

PIM (*à* GEORGE). Oui, oui, le pauvre garçon, c'était bien malheureux. (*À* DAME MARDEN . OLIVIA *lui tire à nouveau le bras, essayant d'attirer son attention* .) Vous devez comprendre, Lady Marden, que bien que j'aie déjà rencontré ce pauvre garçon en Australie, je n'ai jamais été intime d'aucune façon…

GEORGE (*frapper le bureau*). Où est-il *maintenant* , c'est ce que nous voulons savoir ?

(M. PIM *se tourne vers lui en sursaut* .)

OLIVIA . S'il vous plaît, M. Pim !

PIM (*à* OLIVIA). Où est-il maintenant? Mais... mais ne vous ai-je pas parlé de la curieuse fatalité de Marseille, le pauvre garçon, l'arête de poisson ?

TOUS . Arête de poisson?

PIM . Oui, oui, un hareng, je comprends.

OLIVIA (*devenant hystérique*). Tu veux dire qu'il est mort ?

PIM . Mort – bien sûr qu'il est mort. Il est mort———

OLIVIA (*riant hystériquement*). Oh, M. Pim, vous… oh, quel mari avoir… oh, je… (*Mais c'est tout ce qu'elle peut dire pour le moment* .)

DAME MARDEN . Ressaisis-toi, Olivia. (*À* PIM .) Alors il est vraiment mort cette fois ?

PIM . Oh, sans aucun doute, sans aucun doute. Une arête de poisson s'est logée dans sa gorge.

(DAME MARDEN se retire *à nouveau sur le canapé* R ..)

GEORGE (*remontant la fenêtre* C. *jusqu'à* L. , *essayant de s'en rendre compte*). Mort! Mort!

PIM (*se levant et se tournant vers* OLIVIA , *alarmée par son hystérie*). Oh, mais, Mme Marden !

OLIVIA . Je pense que vous devez m'excuser, M. Pim. (*Traversée vers* C.) Mais un hareng ! Il y a quelque chose à propos d'un hareng...

(GEORGE *vient vite vers elle, très inquiet* .)

(PIM *est également très inquiet* .)

(*Changer en* GEORGES .) Oh, Georges ! (*Secouant la tête dans un faible rire, se tourne vers* R. *et s'apprête à sortir précipitamment de la pièce en direction de l'escalier* R.)

RIDEAU RAPIDE.

ACTE III

SCÈNE .– *Les mêmes et le mobilier exactement comme à* l'acte II.

(M. PIM *se trouve sous le canapé* L. *debout dans la même position qu'à la fin de l'acte II.* GEORGES MARDEN *est au centre de la scène et* DAME MARDEN *est au pied de l'escalier. Leur altitude est la même qu'à la fin de l'acte II, et tous s'inquiètent de* CELLE D'OLIVIA *l'hystérie* .)

GEORGE . Mort! Mort!

PIM . Oh cher! Oh cher! J'ai bien peur d'avoir annoncé la nouvelle un peu précipitamment. Le double choc de perdre un mari et d'être rendu à un autre…

LADY MARDEN (*venant à* GEORGE). Une dispensation de la Providence, George. On ne peut le considérer sous aucun autre jour. (*Se déplace à* R. *de la table d'écriture* .)

GEORGES (*venant à* PIM). Oui! Oui! Eh bien, je vous suis très reconnaissant, M. Pim, d'être venu nous voir cet après-midi, et vous comprenez que vos nouvelles, bien que tardives, ont été très bienvenues. *De Mortuis* , etc.

(DAME MARDEN *croix au fond de la table d'écriture à* L.)

PIM (*je répète tristement*). *De Mortuis–*

GEORGE (*serrant la main – impatient de se débarrasser de lui*). Eh bien, au revoir et encore nos remerciements.

(*Croix en bas et à* L. *de* PIM *et sonne la cloche sous la cheminée* .)

PIM (*traversée vers le centre*). Pas du tout. Je n'aurais pas dû annoncer la nouvelle si précipitamment. (*Aperçoit* DAME MARDEN *en haut de* L., *et avec un profond salut* .) Au revoir, Lady Marden.

LADY MARDEN (*tout aussi profonde*). Au revoir, M. Pim.

PIM . J'ai peur d'avoir annoncé la nouvelle trop rapidement. (*Va à la table* BC *et reprend* GEORGES *casquette par erreur pour son chapeau et se dirige vers les doubles portes quand* GEORGE , *remarquant cela, décroche* CHEZ PIM *chapeau de* L. *de l'étape où il a été laissé de* l'acte *précédent, et croise avec lui jusqu'à* PIM .)

GEORGE . M. Pim, excusez-moi, mais je pense que c'est le vôtre.

PIM (*il le prend et le regarde attentivement en le comparant avec le bonnet*). Ce n'est pas du tout mon chapeau. (*Met* GEORGES *remettez le chapeau sur la table* .)

Non, ce n'est pas mon chapeau. (*Prend son propre chapeau de* GEORGE .) C'est mon chapeau. Au revoir! (*Il serre la main* .) Merci beaucoup. (*Regardant la casquette sur la table* .) Oh, non ! Oh non! (*Il se rapproche de la porte* R.) Telworthy... Je *pense* que c'était le nom.

(*Sortez des portes* R.)

(LADY MARDEN , *ennuyée par* CHEZ PIM *la bêtise, se résume à* L. *de* GEORGE .)

GEORGES (*se tournant vers* DAME MARDEN *et avec un soupir de gratitude*). Eh bien, c'est une merveilleuse nouvelle, tante Julia.

DAME MARDEN . Très providentiel. Eh bien, je dois m'en sortir maintenant, George. Dis au revoir à Olivia de ma part.

GEORGES (*traversant vers les doubles portes comme pour les ouvrir*). Au revoir, tante Julia.

DAME MARDEN . Non! Non! Je vais suivre ce chemin – (*monter à* L. *de la table à écrire*) – et faire sortir Olivia davantage, George. Je n'aime pas ces hystériques. (*Frapper la table à écrire* .) Tu veux être plus ferme avec elle.

GEORGE . Oui! Oui! Au revoir.

LADY MARDEN (*montant* L.). Au revoir.

GEORGE (*de retour au centre et avec une grande gratitude*). Mort! Mort! (*Descend sous le canapé* L.)

(OLIVIA *entre par l'escalier, le regarde et vient tranquillement vers* C.)

GEORGE (*s'approchant d'elle avec enthousiasme*). Olivia ! Olivia ! (*Il est sur le point de l'embrasser, mais elle le retient* .)

OLIVIA (*se redressant*). Mme Telworthy!

GEORGES (*interloqué*). Quoi? Olivia ! Je–je ne comprends pas.

OLIVIA . Eh bien, chérie, si mon mari était mort à Marseille il y a quelques jours...

GEORGES (*se grattant la tête*). Oui, je vois, je vois. Eh bien, nous pourrons bientôt y remédier. (*Déménagement à* L.) Un bureau d'enregistrement à Londres. Mieux vaut monter cet après-midi. Nous ne pouvons pas faire ces choses trop rapidement : nous pouvons séjourner dans un hôtel.

OLIVIA (*avec insistance*). Vous et Mme Telworthy ! (*Se déplace lentement autour du dossier du canapé* L.)

(GEORGE *se déplace vers le centre* .)

GEORGE (*dérouté*). Oh… euh… oui… oui… peut-être que je ferais mieux de rester dans mon club… oui ! Ce sera un peu gênant au début. (*Avec un soupir de soulagement* .) Cependant, personne n'a besoin de le savoir, et c'est bien mieux que ce que nous craignions !

(OLIVIA *descend jusqu'en dessous du canapé* L.)

GEORGE (*s'avançant pour l'embrasser*). Olivia ! Olivia !

(*Elle le repousse et il se dirige vers son* L.)

OLIVIA . Mme Telworthy!

GEORGE . Oui, oui, je sais, mais pourquoi continuez-vous à le dire ? Quel est ton problème? Tu es si étrange aujourd'hui. Tu n'es pas comme l'Olivia que je connais.

OLIVIA (*s'assoit sur le canapé à* R.). Peut-être que vous ne me connaissez pas très bien, après tout.

GEORGE (*assis – affectueusement à son* L.). Oh, c'est absurde, vieille fille. Tu es juste mon Olivia. Maintenant, nous pouvons nous remarier tranquillement et personne ne s'en portera plus mal.

OLIVIA . Marié à nouveau ! Oh, je vois, tu veux que je t'épouse demain dans un bureau d'état civil ?

GEORGE . Si nous pouvons arranger ça d'ici là. (*Montée et traversée en bas* OLIVIA *au centre* .) Je ne sais pas combien de temps ces choses prennent, mais j'imagine qu'il n'y aurait aucune difficulté.

OLIVIA . Oh, non, je pense que cette partie devrait être assez *simple* . Mais…(*Elle hésite* .)

GEORGE . Mais quoi?

OLIVIA . Eh bien, si tu veux m'épouser demain, George, ne devrais-tu pas me proposer d'abord ?

GEORGES (*étonné*). Proposer?

OLIVIA . Oui. Il est habituel, n'est-ce pas, de proposer à une personne avant de l'épouser ? Et–et nous voulons faire la chose habituelle, n'est-ce pas ?

GEORGES (*énervé*). Mais toi… je veux dire nous…

OLIVIA . Vous êtes George Marden, je suis Olivia Telworthy, vous êtes attiré par moi et pensez que je ferais de vous une bonne épouse, et vous voulez m'épouser – très bien, alors, naturellement, vous me proposez d'abord.

GEORGE (*tombant dans l'humour, comme il le pense, et avec un rire chaleureux, se dirige vers le tabouret* LC). Le bébé! Voulait-elle qu'on lui propose à nouveau ?

OLIVIA (*timidement*). Eh bien, elle l'a fait plutôt.

GEORGE (*se prenant plutôt pour un acteur, il adopte ce qu'il estime être une attitude appropriée*). Elle le fera alors. Euh–ah, Mme Telworthy, je vous ai longtemps admirée en silence, et le moment est maintenant venu de mettre des mots sur mon admiration (*mais apparemment il trouve une difficulté*)–euh–euh–

OLIVIA (*le regardant d'un air interrogateur et l'incitant à prononcer des mots ; répétant*). Je–je–(*baissant les yeux timidement .*) Oh, M. Marden !

(GEORGE *rugit de rire et se dirige vers le centre .*)

GEORGES (*revenant vers elle*). Olivia… euh… puis-je t'appeler Olivia ?

OLIVIA . Oui, Georges.

(OLIVIA *tend la main et* GEORGE *le remarque .*)

GEORGE . Je vous demande pardon! Oh je vois. (*Lui prenant la main dans la sienne, il lui donne une bonne gifle et elle grimace .*) Olivia, je–(*Hésite .*)

OLIVIA . Je ne veux pas vous interrompre, mais ne devriez-vous pas vous mettre à genoux ? C'est… habituel, je crois.

GEORGE . Vraiment, Olivia, tu dois me permettre de gérer ma propre proposition à ma manière.

OLIVIA (*doucement – et reprenant sa timidité*). Je suis désolé. Continuez.

GEORGE . Eh bien… euh… c'est foutu, Olivia, je t'aime. Veux-tu m'épouser?

OLIVIA . Merci, George, je vais y réfléchir.

GEORGES (*en riant*). Fille stupide. (*Il lui tapote l'épaule et se dirige vers* R.) Eh bien, demain matin. Pas de gâteau de mariage, j'en ai peur, Olivia. (*Il rit encore et monte au centre .*) Mais nous irons déjeuner quelque part.

OLIVIA . Je vais y réfléchir, George.

GEORGE (*avec bonne humeur et descendant au fond du canapé vers son* R.). Eh bien, embrasse-moi pendant que tu réfléchis.

OLIVIA . J'ai bien peur que tu ne doives pas m'embrasser avant que nous soyons réellement fiancés.

GEORGE (*riant avec inquiétude, et s'asseyant et se penchant sur la table* LC *vers* OLIVIA). Oh, nous n'avons pas besoin de prendre cela aussi au sérieux que ça.

OLIVIA . Mais une femme doit prendre une proposition au sérieux.

GEORGE (*un peu alarmé enfin*). Que veux-tu dire?

OLIVIA . Eh bien, ce que je veux dire, c'est que toute la question–(*avec un regard sournois sur* GEORGE) – comme j'ai entendu quelqu'un le dire un jour, cela exige une réflexion beaucoup plus anxieuse que celle que nous y avons donnée. Ces mariages précipités...

GEORGE (*se levant et traversant à l'arrière de* OLIVIA *canapé rond et à* L. *de* OLIVIA). Précipité!

OLIVIA . Eh bien, vous venez tout juste de me proposer, et vous voulez que je vous épouse demain.

GEORGE . Maintenant, tu dis de parfaites bêtises, Olivia. Vous savez bien que notre cas est tout à fait différent des autres.

OLIVIA . Il faut quand même se poser des questions. Avec une jeune fille comme... enfin, avec une jeune fille, l'amour peut sembler être tout ce qui compte. Mais avec une femme de mon âge, c'est différent. Je dois me demander si vous pouvez vous permettre de subvenir aux besoins de votre femme.

GEORGE . Vous savez parfaitement que je peux me permettre de subvenir aux besoins de ma femme comme ma femme doit l'être.

OLIVIA . Oh, je suis content. Ensuite, vos revenus, cela ne vous inquiète pas vraiment du tout ?

GEORGES (*avec raideur*). Vous savez parfaitement quels sont mes revenus. Je ne vois aucune raison de m'inquiéter pour l'avenir.

OLIVIA . Ah, très bien, alors il ne faut plus y penser.

GEORGE . Tu sais que je n'arrive pas à comprendre ce que tu fais. (*Il s'assoit à côté de son* L. *sur le canapé.*) Tu ne veux pas te marier... pour... euh... légaliser cette situation extraordinaire dans laquelle nous sommes placés ?

OLIVIA . Je dois examiner toute la question très attentivement. Je ne peux pas sauter sur la toute première offre que j'ai reçue depuis la mort de mon mari. (*Montée et traversée vers le centre* .)

GEORGE . Oh, donc je suis à l'étude, hein ?

OLIVIA (*montant* RC). Chaque prétendant l'est.

GEORGE . Ah très bien, continuez ! Continue!

OLIVIA . Eh bien, voilà votre nièce. Vous avez une nièce qui vit avec vous. Bien sûr, Dinah est une fille charmante, mais on n'aime pas se marier dans une maison où il y a une autre femme adulte. Mais peut-être qu'elle se mariera bientôt elle-même.

GEORGE . Je n'en vois aucune perspective.

OLIVIA . Cela rendrait les choses beaucoup plus faciles, George, si elle le faisait.

GEORGES (*se levant*). Est-ce une menace, Olivia ? (*En traversant jusqu'à* OLIVIA .) Êtes-vous en train de me dire que si je ne permets pas au jeune Strange d'épouser Dinah, vous ne m'épouserez pas ?

OLIVIA . Une menace? Oh non, Georges. Mais je me demandais juste si tu m'aimes autant que Brian aime Dinah. Tu m'aimes ?

GEORGE (*de tout son cœur*). Bien sûr que oui, vieille fille.

OLIVIA . Vous êtes sûre que ce n'est pas seulement mon joli visage qui vous attire. L'amour qui repose sur de simples apparences extérieures ne peut aboutir à un bonheur durable, comme l'a observé l'un de nos penseurs. (*Descendre au canapé* R.)

GEORGE . Pourquoi devrais-tu douter de mon amour ? Tu ne peux pas prétendre que nous n'avons pas été heureux ensemble. (OLIVIA *s'assoit sur le canapé* R.) J'ai–(*prendre une chaise de* L. *de la table* RC *la ramène à* L. *de* OLIVIA) J'ai été une bonne amie avec toi, hein ? Nous–nous nous convenons, vieille fille.

OLIVIA . Est-ce que nous?

GEORGES (*assis*). Eh bien, bien sûr que nous le faisons.

OLIVIA . Je me demande. Quand deux personnes de notre âge songent à se marier, on veut être sûr qu'il existe entre elles une véritable communauté d'idées. Supposons qu'après quelques années de mariage nous nous trouvions éloignés l'un de l'autre sur des questions telles que l'avenir de Dinah, ou des sujets relativement insignifiants comme la bonne couleur d'un rideau, ou les conseils à donner à un ami qui avait innocemment contracté un contrat. un mariage bigame. Pensez à quel point nous regretterions amèrement notre plongée précipitée dans un mariage qui n'était pas une véritable association, ni de goûts, ni d'idées, ni même de consciences. (*Avec un soupir* .) Ah moi !

GEORGE (*se tournant rapidement vers elle*). Malheureusement pour ton argument, Olivia, je peux te répondre de ta propre bouche. Vous semblez avoir–(*riant*)–oublié ce que vous avez dit ce matin à propos de… euh… le jeune Strange.

OLIVIA (*avec un reproche exagéré*). Oh, mais est-il tout à fait juste, George, de traîner *ce qui s'est dit ce matin* ?

GEORGE (*appréciant son apparent succès*). Ha ha ! C'est vous qui en êtes responsable.

OLIVIA . Moi ?... Eh bien, et qu'est-ce que j'ai dit ce matin ?

GEORGE . Vous avez dit qu'il suffisait que Strange soit un gentleman et amoureux de Dinah pour que je les laisse se marier.

OLIVIA . Oh! Mais est-ce suffisant, Georges ?

GEORGES (*triomphalement*). Eh bien, tu l'as dit.

OLIVIA (*docilement*). Eh bien, George, si tu le penses aussi, je suis tout à fait prêt à prendre le risque.

GEORGE (*gentiment, se levant et remettant la chaise* RC). Ha ha, ma chérie ! Tu vois!

OLIVIA . Alors tu *penses* que c'est suffisant ?

GEORGE . Je—euh—oui, oui, je—je pense que oui.

OLIVIA (*se levant et allant vers lui et mettant ses mains sur ses épaules*). Ma chérie ! Comme c'est joyeux ! Ensuite, nous pourrons avoir un double mariage.

GEORGES (*étonné*). Un double !

OLIVIA . Oui, toi et moi, Brian et Dinah.

GEORGE (*fermement et lui retirant les mains de ses épaules*). Maintenant écoute, Olivia, comprends une fois pour toutes, je ne dois pas subir de chantage pour donner mon consentement aux fiançailles de Dinah. Ni fait l'objet d'un chantage, ni trompé. (*Traversée vers* L. *en dessous du canapé* .) Notre mariage n'a rien à voir avec celui de Dinah.

OLIVIA . Non, chérie, je comprends très bien. Ils peuvent avoir lieu à peu près au même moment, mais ils n'ont absolument rien à voir les uns avec les autres.

GEORGE (*assis au pied de la table* LC). Je ne vois aucune perspective que le mariage de Dinah ait lieu avant de nombreuses années.

OLIVIA . Non, chérie, c'est ce que j'ai dit.

GEORGE (*ne comprend pas pour le moment*). Vous avez dit--? Je vois. (*Se tournant et lui faisant face* .) Maintenant regarde ici, Olivia, soyons parfaitement clairs. Apparemment, vous insistez pour considérer ma… euh… proposition comme sérieuse.

OLIVIA (*simulacre de surprise*). Mais n'est-ce pas ? As-tu joué avec moi ?

GEORGE . Vous savez parfaitement ce que je veux dire. Vous considérez cela comme une proposition ordinaire d'un homme à une femme qui n'a jamais rien eu l'une envers l'autre auparavant. Très bien, pourriez-vous me dire gentiment ce que vous comptez faire si vous décidez de… ah… m'accepter ? Vous ne suggérez pas que nous continuions à vivre ensemble, célibataires ?

OLIVIA (*choquée*). Bien sûr que non, George !! Qu'est-ce qui... (*s'arrêtant pour une explication supplémentaire*) – le Comté – je veux dire le Ciel – je veux dire la Loi – je veux dire – bien sûr que non. En plus, c'est tellement inutile. Si je décide de t'accepter, bien *sûr*, je t'épouserai.

GEORGE . Tout à fait. Et si tu décides de me refuser, que feras-tu ?

OLIVIA . Rien.

GEORGE . Voulez-vous dire par là ?

OLIVIA . Juste ça, Georges. Je resterai ici, comme avant.

(GEORGE *se lève et s'approche d'elle, sur le point de protester* .)

J'aime cette maison. (*Traversée en bas* GEORGE , *regardant la pièce en dessous du canapé* L.) Elle a besoin d'être un peu redécorée, mais j'aime ça, George... Oui, je serai parfaitement heureuse ici ! (*Il s'assoit sur le canapé* .)

GEORGE . Je vois. Vous continuerez à vivre ici, malgré ce que vous venez de dire à propos de l'immoralité de cette situation.

OLIVIA (*surprise*). Mais qu'y a-t-il d'immoral à ce qu'une veuve vivant seule dans une grande maison de campagne – avec peut-être la nièce d'un de ses amis chers – reste avec elle pour lui tenir compagnie ?

GEORGES (*sarcastique*). Oh, et je vous prie, que dois-je faire alors que vous avez si gentiment pris possession de ma maison pour moi ?

OLIVIA . Toi! Oh, je n'arrive pas *à penser* ! En voyage, j'imagine.

GEORGES (*indigné et s'avançant vers elle*). Merci! Et supposons que je refuse d'être expulsé de ma propre maison ?

OLIVIA . Puis, vu que nous ne pouvons pas participer tous les deux, il semblerait que vous deviez me mettre à la porte. (*À elle-même* .) Il doit y avoir des moyens légaux de faire ces choses. Il faudrait que vous consultiez à nouveau votre avocat.

GEORGE . Des moyens légaux ?

OLIVIA . Eh bien, vous ne pourriez pas me jeter dehors, n'est-ce pas ? Il faudrait que vous obteniez une injonction contre moi...

(GEORGE , *très agacé, se détourne* .)

– ou me poursuivre pour intrusion – ou quelque chose comme ça. Bien sûr, je ne devrais pas y aller si je pouvais m'en empêcher, j'aime tellement la maison... Cela constituerait un cas terriblement inhabituel, n'est-ce pas ? Les journaux en seraient pleins.

GEORGE . Les papiers!

OLIVIA (*appelant comme livreur de papier*). Extra spécial! La veuve d'un ancien détenu bien connu prend possession de la maison de JP ! Spécial! Spécial!

GEORGES (*en colère*). J'en ai assez. (*Il vient à la table* LC *et parle à travers* .) Voulez-vous dire toutes ces absurdités ?

OLIVIA . Eh bien, ce que je *veux* dire , *c'est* que je ne suis pas pressé de monter à Londres et de me marier. J'aime la campagne en ce moment, et–(*avec un soupir*)–après ce matin, je suis–un peu fatiguée des maris.

GEORGES (*en colère*). Je n'ai jamais entendu autant *de* bêtises de ma vie. *Je vous laisse reprendre vos esprits.*

(*Il sort, monte l'escalier à* R.)

(OLIVIA *se lève et se dirige vers le centre, regardant* GEORGE *désactivé. Elle lui baise les mains, puis se tourne vers* L. *voit des rideaux et une boîte à ouvrage et, étendant les bras en extase, va au placard, les prend et descend* L. OLIVIA *s'assoit sur un canapé avec des rideaux sur ses genoux et place la boîte à travail sur son* L. *sur le canapé, et ce faisant* M. PIM *entre par le haut à* droite *par les fenêtres et, arrivant à* droite *du bureau, il le frappe avec son parapluie pour attirer* CELLE D'OLIVIA *attention. Elle se retourne et le voit. Il regarde nerveusement autour de lui l'escalier* R. *craignant le retour de* GEORGE .)

PIM (*à voix basse*). Euh, puis-je entrer, Mme Marden ?

OLIVIA (*surprise*). M. Pim!

PIM (*regardant anxieusement et à nouveau l'escalier*). M. Marden n'est… euh… pas là ?

OLIVIA (*se levant*). Non! Voulez-vous le voir? Je vais--

PIM (*un autre regard autour de l'escalier et en descendant au centre*). Non non Non! Pas pour le monde. Il n'y a pas de danger immédiat qu'il revienne, Mme Marden ?

OLIVIA (*surprise*). Non, je ne pense pas, M. Pim. (*Il pose les rideaux*). Mais qu'est-ce que c'est? Toi--

PIM . J'ai pris la liberté de revenir par la fenêtre dans l'espoir de vous trouver seul.

OLIVIA (*s'asseyant à nouveau*). Oui?

PIM (*toujours plutôt nerveux et levant les bras en détresse*). M. Marden sera tellement en colère contre moi, et avec raison. Oh, je m'en veux. Je m'en veux entièrement. Je ne sais pas comment j'ai pu être aussi stupide. (*S'assoit sur le tabouret* LC *très inquiet*).

OLIVIA . Qu'y a-t-il, M. Pim ? Mon premier mari n'est pas revenu à la vie, n'est-ce pas ?

PIM . Non! Non! Non! (*Regardant* R. *et parlant très mystérieusement à travers la table* LC) Le fait est que son nom était Pelwittle.

OLIVIA (*perdue*). Dont? Mon mari?

PIM . Oui oui. Henry Pelwittle, le pauvre garçon.

OLIVIA . Mais le nom de *mon* mari était Telworthy.

PIM . Non! Oh mon Dieu, non ! Pelwittle. (*Fermement* .) Cela me revint soudain, juste au moment où j'atteignais la porte – Henry Pelwittle, pauvre garçon.

OLIVIA . Mais en réalité, M. Pim, je devrais le savoir.

PIM . Non! Non! Pelwittle.

OLIVIA . Mais qui est Pelwittle ?

PIM (*surprise de sa bêtise*). L'homme dont je vous ai parlé, qui a connu la triste mort à Marseille. Henry Pelwittle... (*La main sur le menton, réfléchissant profondément* .) Ou était-ce *Ernest* ? Non! *Henry* Pelwittle, le pauvre garçon.

OLIVIA (*avec indignation*). Mais, M. Pim, vous avez dit qu'il s'appelait Telworthy. Comment peux-tu?

PIM . Oh, je m'en veux, je m'en veux entièrement.

OLIVIA . Mais comment pourriez-vous *penser* à un nom comme Telworthy si ce n'était pas Telworthy ?

PIM (*avec impatience*). Ah, ah, c'est ce qui est vraiment intéressant dans toute cette affaire.

OLIVIA (*avec reproche*). Oui, M. Pim, toutes vos visites ici aujourd'hui ont été très intéressantes.

PIM . Oh, très intéressant, très intéressant, vous voyez, Mme Marden, lors de ma première apparition ici ce matin, j'ai été reçu par... Miss Diana, qui...

OLIVIA . Dinah !

PIM . Je vous demande pardon?

OLIVIA . Dinah. Elle s'appelle Dinah !

PIM (*fait une pause*). Tu as plutot raison. Dinah… oh oui. Mlle Dinah, oui. Elle était d'humeur plutôt communicative, et je suppose que pour passer le temps, elle a mentionné qu'avant votre mariage avec M. Marden, vous aviez été une Mme... euh...

OLIVIA . Tel digne.

PIM . Telworthy, oui, bien sûr. Elle a également mentionné l'Australie. Maintenant, par un curieux processus cérébral – qui me semble décidément curieux – alors que j'essayais de me souvenir – du nom du pauvre garçon sur le bateau, que vous vous souviendrez que j'avais également rencontré en Australie, le fait que cet autre nom était également stocké dans ma mémoire, un nom tout aussi particulier – ce fait, je le dis…

OLIVIA (*voyant que la sentence s'effondre rapidement*). Oui, je comprends bien.

PIM . Je me blâme, je me blâme entièrement.

OLIVIA . Oh, vous ne devez pas faire ça, M. Pim.

PIM . Oh, mais, Mme Marden, pouvez-vous me pardonner la détresse inutile que je vous ai causée aujourd'hui ?

OLIVIA . Oh, tu ne dois pas t'inquiéter pour ça, s'il te plaît.

PIM . Et vous le direz à votre mari – vous lui annoncerez la nouvelle ?

OLIVIA (*étonnée*). Oh oui! Je vais lui annoncer la *nouvelle* .

PIM (*se levant et tendant la main*). Eh bien, je pense qu'avant qu'il revienne, je vais lui dire au revoir et... euh...

OLIVIA (*se levant*). Juste un instant, M. Pim. Soyons bien clairs cette fois. Vous n'avez jamais connu mon mari Jacob Telworthy ?

PIM . Non!

OLIVIA . Vous ne l'avez jamais rencontré en Australie ?

PIM . Non!

OLIVIA . Vous ne l'avez jamais vu sur le bateau ?

PIM . Non!

OLIVIA . Et il ne *lui est rien arrivé à Marseille ?*

PIM . Non!

OLIVIA . Est-ce correct?

PIM (*hésitant et réfléchissant très profondément*). Je pense que oui.

OLIVIA . Très bien, alors, depuis que sa mort a été annoncée en Australie il y a six ans, il est vraisemblablement toujours mort ?

PIM . Indubitablement.

OLIVIA (*lui tendant la main avec un charmant sourire*). Alors, au revoir, monsieur Pim, et merci beaucoup pour–pour tous vos ennuis.

PIM Pas du tout, Mme Marden. Je me blâme, je me blâme entièrement.

OLIVIA Oh ! Vous ne devez pas faire ça.

(*En montant au centre* PIM *se rencontre* DINAH , *qui entre par la fenêtre en haut à gauche, passe au fond du bureau et descend à droite de lui*).

(DINAH est suivie de BRIAN , qui est sur son R.).

DINAH Bonjour, voilà M. Pim. (*À* BRIAN.)

PIM (*regardant nerveusement la porte au cas où* M. MARDEN *entrerait*). Oui, oui, je—euh—

DINAH Oh, M. Pim, vous ne devez pas vous enfuir sans même dire comment allez-vous ! Tu restes prendre le thé ?

PIM (*regardant nerveusement l'escalier*). J'ai peur de...

OLIVIA , M. Pim doit se dépêcher, Dinah. Il ne faut pas le garder.

DINAH Eh bien, mais tu reviendras ?

PIM, je crains de ne être qu'une passante, mademoiselle… euh… Dinah.

OLIVIA Vous pouvez emmener M. Pim jusqu'au portail.

PIM (*avec gratitude à* OLIVIA). Merci. (*Avec un regard nerveux vers l'escalier R., il se dirige vers les fenêtres.*) Si vous pouviez être si gentille, Miss Dinah....

DINAH (*lui prenant le bras*). Venez donc, M. Pim.

BRIAN, je te rattrape.

DINAH (*le prenant L.*). Je veux tout savoir sur ta première femme.

PIM Oh, mais je n'ai pas de première femme.

DINAH. Tu ne m'as encore rien dit.

(*Ils montent L.*)

BRIAN, je te rattrape.

(OLIVIA *reprend son travail, et* BRIAN *descend jusqu'au pied de la table LC et s'assoit dessus.*)

BRIAN (*maladroitement*). Je voulais juste vous dire, si vous ne le trouvez pas effronté, que je suis—je suis de votre côté, si je peux l'être et si je peux vous aider un tant soit peu, je serai très fier d'y être autorisé.

OLIVIA (*le regardant et lui prenant la main*). Brian, chéri, c'est gentil de ta part. Mais tout va bien maintenant, tu sais.

BRIAN Quoi ?

OLIVIA. Oui, c'est ce que M. Pim est revenu dire. Il s'était trompé sur le nom...

BRIAN (*se levant*). Bon dieu!

OLIVIA (*souriant*). George est le seul mari que j'ai.

BRIAN (*surpris*). Quoi? Tu veux dire que tout ce que Pim...

OLIVIA (*répétant*). Le tout.

BRIAN (*traversant jusqu'à la fenêtre R. et criant à L. et avec conviction*). Un connard idiot !

OLIVIA (*gentiment*). Oh, non, non, je suis sûr qu'il ne voulait pas l'être. (*Après une pause* .) Brian, tu connais quelque chose à la loi ?

BRIAN (*descendant* C.). La loi? J'ai bien peur que non. Je déteste la loi. Pourquoi? (*Assis au pied de la table* LC)

OLIVIA . Eh bien, je me demandais juste. Supposons que George et moi nous soyons accidentellement mariés une seconde fois en pensant que le premier mariage n'était pas tout à fait bien, et ensuite nous avons découvert que le premier mariage était bien... eh bien...

BRIAN . Que veux-tu dire ?

OLIVIA . Eh bien, ce que je veux dire, c'est qu'il n'y a rien de mal à épouser deux fois la même personne ?

BRIAN (*se levant et se déplaçant vers le centre, réfléchissant bien*). Oh non. Cent fois si tu veux, je pense.

OLIVIA . Oh!

BRIAN . Après tout, en France, on y passe toujours deux fois, n'est-ce pas ? Une fois devant le maire ou quelqu'un, et une fois à l'église.

OLIVIA . Bien sûr qu'ils le font ! Comme c'est idiot de ma part. Vous savez, c'est une très bonne idée. Ils devraient faire cela davantage en Angleterre.

BRIAN . Eh bien, une fois suffira pour Dinah et moi, si vous y parvenez. (*Anxiété* .) Tu penses qu'il y a une chance, Olivia ?

OLIVIA (*souriant*). Toutes les chances, chérie.

BRIAN (*venant à la table* LC ci-dessus). Je dis, n'est-ce pas vraiment ? L'avez-vous mis au carré ? Je veux dire, est-ce qu'il...

(GEORGE *est entendu fredonner l'air de "Pop go the belette" de* R.)

OLIVIA . Allez les rattraper maintenant. Nous en reparlerons plus tard.

BRIAN . Sois béni. C'est vrai !

(*Monter* L. *et descendre* L.)

(*Tandis qu'il sort par les fenêtres,* GEORGE *entre aux portes* R. GEORGE *se lève* RC, *puis se tourne vers* OLIVIA *, absorbée par son rideau. Il arpente la pièce, s'agitant, attendant qu'elle parle. Comme elle ne dit rien, il se met à parler lui-même, mais d'une manière visiblement indifférente. Il y a une pause après chaque réponse de sa part, avant qu'il ne fasse sa prochaine remarque.*)

GEORGES (*avec désinvolture*). Beau garçon, Strange. Quoi?

OLIVIA (*avec la même désinvolture*). Brian, oui, n'est-ce pas ? Et c'est un garçon si gentil.

GEORGE . Oui oui! (*Apercevant le rideau qu'elle est en train de coudre. Fredonne l'air de « Pop va la belette » — en descendant R. jusqu'au piano, joue quelques notes de « Pop va la belette » avec un doigt.*) J'ai cinquante livres pour une photo du un autre jour, n'est-ce pas ? (*Je monte un peu sur scène.*)

OLIVIA . Ah oui! Bien sûr, il ne fait que commencer...

GEORGE . Les critiques ont une bonne opinion de lui (*légère pause*). Quoi ?

(*En haut* C. *près de la chaise devant la table d'écriture.*)

OLIVIA . Ils disent tous qu'il a du génie. Oh, je ne pense pas qu'il y ait le moindre doute là-dessus. (*Pause.*)

(GEORGE *à gauche de la table à écrire.*)

GEORGE . Non non! (*Une légère pause, et il chante à nouveau.*) Bien sûr, je ne prétends rien connaître moi-même en peinture.

OLIVIA . Tu n'as jamais eu le temps de t'en occuper, ma chérie.

GEORGE (*descendant un peu* L.) Non ! Non! Bien sûr, je sais ce que j'aime. Je ne peux pas dire que je vois grand chose dans ce nouveau genre. Si un homme peut peindre, pourquoi ne peut-il pas peindre comme—comme Rubens, ou—ou Reynolds, ou...

OLIVIA . Je suppose que nous avons tous nos propres styles. Brian trouvera le sien directement. Bien sûr, il ne fait que commencer. (*Pause.*)

GEORGE (*traversant vers le centre*). Oui oui. Mais les critiques pensent beaucoup à lui, quoi ?

OLIVIA . Oh oui.

GEORGE . Oui! Hum! (*Un temps.*) Un bel homme.

(*Il y a un silence plutôt plus long cette fois.* GEORGE *en revenant du canapé,* L. *continue d'espérer qu'il paraît décontracté et indifférent - il regarde fixement* CELLE D'OLIVIA *travaille un instant.*)

GEORGE (*en bas* à gauche). Vous les avez presque finis ?

OLIVIA . Très proche de. (*Souriant intérieurement, se tourne vers R. en faisant semblant de chercher des ciseaux* .) As-tu vu mes ciseaux quelque part ?

GEORGES (*regardant autour de lui*). Ciseaux?

OLIVIA (*se tourne vers L. et les trouve dans sa boîte à ouvrage*). Tout va bien, les voici————

GEORGE (*en bas à* gauche *sous la chaise face à* OLIVIA). Où penses-tu les accrocher ?

OLIVIA (*comme si elle se demandait vraiment*). Je ne sais pas vraiment... J'avais *pensé* à cette pièce, mais... je n'en suis pas vraiment sûr.

GEORGE (*passage ci-dessous* OLIVIA *au centre*). Ah ! Oui! Égayez un peu la pièce.

OLIVIA . Oui.

GEORGE (*remontant un peu au centre vers les fenêtres*). H'm, oui... Ils sont un peu décolorés.

OLIVIA (*secouant les siennes et les regardant d'un œil critique*). Vous savez, parfois je pense que je les aime, et parfois je n'en suis pas sûr.

GEORGE . Le meilleur moyen est de les accrocher et de voir si vous les aimez. Retirez-les toujours.

OLIVIA . Oh, c'est une bonne idée, George.

GEORGE . Meilleur moyen.

OLIVIA . Oui... Je pense que nous pourrions essayer ça–(*regardant le canapé et les tapis, etc* .)–la seule chose est–(*Elle hésite* .)

GEORGE . Quoi?

OLIVIA . Eh bien, les tapis, les housses de chaises, les coussins et tout…

GEORGE . Et eux ?

OLIVIA . Eh bien, si nous avions de nouveaux rideaux…

GEORGE . Vous voudriez un nouveau tapis, hein ?

OLIVIA (*dubitativement*). Enfin, *de nouvelles housses de chaise, en tout cas.*

GEORGE . Hum !... Eh bien, pourquoi pas ?

OLIVIA . Oh, mais…

GEORGE (*avec un rire gêné*). Nous ne sommes pas si durs que ça, vous savez.

OLIVIA (*vite*). Non, je ne pense pas que nous soyons vraiment...

GEORGE . Non, non, non, oui, je veux dire non.

OLIVIA (*pensive*). Je suppose que cela signifierait que je devrais monter à Londres pour les choisir. Vous savez, c'est plutôt ennuyeux.

GEORGE (*extrêmement décontracté et évoluant vers* OLIVIA). Oh, je ne sais pas. Nous pourrions y monter ensemble un jour.

OLIVIA . Eh bien, bien sûr, si nous *étions* prêts à faire autre chose,

GEORGE (*s'éloignant d'un air dubitatif*). Oui oui! C'est ce que je voulais dire.

(*Il y a un autre silence* . GEORGES *se demande s'il faut s'approcher de plus près de la grande question* .)

OLIVIA . Oh, au fait, George…

GEORGE . Oui?

OLIVIA (*innocemment*). J'ai dit à Brian, et bien sûr il le dira à Dinah, que M. Pim s'était trompé sur le nom.

GEORGES (*étonné, se dirigeant vers* OLIVIA). Erreur sur le nom ?

OLIVIA . Oui, j'ai dit à Brian que tout cela était une erreur, je pensais que c'était le moyen le plus simple.

GEORGE . Olivia–(*traversant en bas et vers son* L.)–alors tu veux dire que Brian et Dinah pensent que–que nous avons été mariés tout le temps ?

OLIVIA . Oui.

GEORGE (*se rapprochant d'elle*). Olivia, ça veut dire que tu penses à m'épouser ?

OLIVIA . Dans votre ancien bureau d'état civil ?

GEORGES (*avec impatience*). Oui!

OLIVIA . Demain?

GEORGE . Oui.

OLIVIA . Tu le veux vraiment ?

GEORGE . Ma chérie, tu le sais.

OLIVIA . Nous devrions rester très discrets, George.

GEORGE . Eh bien, bien sûr (*s'asseyant à côté de son* L.) personne n'a besoin de le savoir. Nous ne voulons pas que quiconque le sache. Et maintenant que tu as dérouté Brian et Dinah, en leur disant que–(*il s'interrompt et dit avec admiration*)–c'était très intelligent de ta part, Olivia. Je n'aurais jamais dû y penser.

OLIVIA (*innocemment*). George, tu ne penses pas que c'était *mal* , n'est-ce pas ?

GEORGE (*son verdict, lui prenant les mains et les tapotant*). Une tromperie innocente... parfaitement inoffensive.

OLIVIA . Oui, chérie, c'est à ça que je pensais… à… (*riant toute seule*) à ce que je faisais.

GEORGE . Alors tu viendras à Londres demain ?

(*Elle hoche la tête* .)

Et si nous voyons un tapis ou tout ce que nous voulons...

OLIVIA . Ah, Georges !

GEORGE (*rayonnant, se levant et reculant un peu vers* L.). Et déjeuner au Carlton, quoi ?

OLIVIA (*hochant la tête avec impatience*). Oh!

GEORGE . Et–et une petite lune de miel à Paris ?

OLIVIA . Oh, quel plaisir !

GEORGES (*avec faim*). Embrasse-moi, vieille fille.

OLIVIA (*avec amour*). George!

(*Elle lui tend sa joue. Il l'embrasse puis la prend soudain dans ses bras* .)

GEORGE . Ne me quitte jamais, vieille fille.

OLIVIA (*affectueusement*). Ne me renvoie jamais, mon vieux.

GEORGES (*avec ferveur*). Je ne le ferai pas. (*Maladroitement* .) Je–je ne pense pas que j'aurais *vraiment* dû, tu sais. Je–je————

(DINA *entre par le haut de* L. *et traverse l'arrière de la table d'écriture et arrondit vers le bas de* R. BRIAN *la suit* .)

DINAH (*voyant l'étreinte, surprise*). Oo–je dis!

(GEORGE *a l'air et se sent plutôt idiot* .)

GEORGE . Bonjour!

(OLIVIA *s'assoit, reprend la couture* .)

DINAH (*descendant au centre et descendant en dessous du canapé* L., *impétueusement vers lui*). Donne-m'en un aussi, George. Cela ne dérangera pas Brian.

GEORGE (*formellement, mais en appréciant*). Cela vous dérange, M. Strange ?

BRIAN (*un peu mal à l'aise*). Oh, je dis, monsieur...

GEORGE . Nous prendrons le risque, Dinah. (*Il l'embrasse.*)

DINAH (*triomphalement à* BRIAN *et debout au-dessus* GEORGE). Avez-vous remarqué celui-là ? Ce n'était pas un simple baiser affectueux. C'était un message spécial "à vos enfants, mes enfants". (*À* GEORGE .) N'est-ce pas ?

OLIVIA . Tu dis des bêtises, chérie.

DINAH (*traversée rapidement en contrebas et vers* R. *de* BRIAN). Eh bien, je suis si heureuse maintenant que Pim a cédé à propos de ton premier mari–(GEORGE *captures* CELLE D'OLIVIA *œil et sourires; elle sourit en retour; mais ce sont des sourires différents.*)

GEORGES (*l'acteur*). Oui, oui, imbécile, Pim, quoi ?

BRIAN . Oui. Absolument idiot, je pense !

DINAH . Et maintenant que George a cédé... (*avec un regard significatif sur* BRIAN)– *mon* premier mari————

GEORGE . Ici, on avance beaucoup trop vite. (*Traversée en bas* OLIVIA *à* BRIAN .) Alors tu veux épouser ma Dinah, hein ?

BRIAN (*avec un sourire*). Eh bien, je préfère, monsieur.

GEORGES (*à* BRIAN). Eh bien, tu ferais mieux d'en parler avec moi... euh... (*avec un regard sournois sur* OLIVIA)–Brian.

BRIAN . Merci beaucoup monsieur.

(GEORGE *monte et* BRIAN , *imitant sa démarche, l'accompagne.*)

GEORGE . Eh bien, viens alors. (BRIAN *regarde sa montre.*) Je monte en ville après le thé, alors nous ferions mieux...

DINAH (*montant vers* R. *de* BRIAN). Je dis, tu vas à Londres ?

GEORGE (*avec un regard sournois* OLIVIA). Oui, un peu d'affaires.

DINAH (*effrontément*). Hein ?

GEORGE . Peu importe, jeune femme. (*À* BRIAN .) Venez, nous allons nous promener et regarder les cochons.

BRIAN . C'est vrai !

(*Ils s'en vont à* L. *quand* OLIVIA *appels.*)

OLIVIA . George, ne t'éloigne pas trop ; Je pourrais avoir envie de toi.

GEORGE . D'accord! Je serai sur la terrasse. Fais-moi signe si tu me veux.

(GEORGE *et* BRIAN *allez aux fenêtres en haut* L.)

(DINA *suit* R. *et les surveille* .)

DINAH (*les regardant*). Brian et George discutent toujours de moi devant les cochons. Tellement maladroit de leur part. Je dis, tu vas à Londres aussi, chérie ? (*En descendant à la table* LC)

OLIVIA . Demain———(*Se lever et secouer les rideaux* .)

DINAH . Qu'allez-vous faire à Londres ?

OLIVIA . Oh, faire du shopping et… une ou deux petites choses.

DINAH . Avec Georges ?

OLIVIA . Oui. (*Traversant le centre en bas* DINAH *avec des rideaux* .)

DINAH (*s'assoit sur la table* LC). Je dis, n'était-ce pas charmant chez Pim ?

OLIVIA . Beau?

DINAH . Oui, il m'a tout raconté. Je fais tout un tas de choses, je veux dire.

OLIVIA (*innocemment*). A-t-il fait un tas de choses ?

DINAH . Eh bien, je veux dire, continuer à venir comme ça. Et si vous regardez la situation dans son ensemble, eh bien, malgré tout ce qu'il avait à dire, il n'était pas du tout nécessaire qu'il vienne.

OLIVIA . Eh bien, je ne pense pas que je devrais le dire comme ça, Dinah.

DINAH (*se référant aux rideaux*). Je dis, ne sont-ils pas joyeux ?

OLIVIA . Je suis tellement contente que tout le monde les aime. Dis à George que je suis prêt, chérie.

DINAH . Je dis, est-ce *qu'il* va les mettre pour toi ?

OLIVIA . Eh bien, je pensais qu'il pourrait peut-être faire mieux.

DINAH . Très bien, je vais lui dire. (*Traversant* L. *jusqu'à la terrasse et s'éloignant* .) Georges ! (*Revenant à l'arrière* L. *du bout de la table à écrire* .) Brian est justement en train de parler à George des cinq shillings qu'il a au bureau de poste—(*traversant* L. *jusqu'à la terrasse et appelant à nouveau* .) George !!

GEORGE (*du large* de L.). À venir!

DINAH (*descendant de manière ludique au centre, imitant les pas d'une fée*). Musique lente pendant que les rideaux se lèvent. (*S'assoit au piano et joue "Comme je suis passé devant ta fenêtre."*)

(*GEORGE entre par le haut* de L., *suivi de* BRIAN .)

GEORGES (*à* OLIVIA). Qu'est-ce qu'il y a, chérie ?

OLIVIA . J'aimerais que tu m'aides à mettre ces rideaux ?

GEORGE . Bien sur mon cher. Je ferais mieux de prendre les marches de la bibliothèque. (*Traverse les portes R. et sort* .)

(BRIAN *va rapidement vers* OLIVIA *et lui embrasse la main avec gratitude, puis descend vers* DINAH *et s'incline devant elle* .)

BRIAN . Madame! J'ai l'honneur de vous informer que désormais vous êtes libre de me considérer comme votre fiancé.

DINAH (*se levant rapidement et avançant*). Chéri!

BRIAN (*lui faisant signe en retour*). Non! Non! Reste là! (*Elle se retire et s'assoit au piano* .) Continuez à jouer.

(DINA *continue à jouer et il sort un carnet de croquis, s'assoit sur le canapé et la dessine* .)

DINAH . Qu'est-ce que c'est?

(OLIVIA *descend au centre et les regarde* .)

BRIAN . Portrait de Lady Strange.

(GEORGES *entre par les portes* R. *avec des marches et en traversant* R. *les place près de la fenêtre* R. .)

OLIVIA (*elle lui tend les rideaux et monte à gauche du bureau et revient en regardant* GEORGE). Es-tu prête, chérie ?

GEORGE (*montant les marches*). Oui, tout à fait prêt.

OLIVIA . Là! (*Les rideaux s'emmêlent et il manque de tomber* .) Oh, prends garde, ma chérie !

GEORGE (*encore une fois en montant les marches*). Oh, tout va bien, chérie. Ils sont un peu longs. (*Les rideaux s'emmêlent autour de sa tête* .)

(M. PIM *entre mystérieusement depuis le haut* de L.)

(OLIVIA *regarde* GEORGE .)

(PIM *lui touche l'épaule et en sursaut elle se tourne vers lui* . DINAH *le voir entrer arrête de jouer*. OLIVIA *, peu disposée à attirer* GEORGES *attention, signaux à* DINAH *pour continuer à jouer, et elle le fait* .)

PIM . Mme Marden! Je *devais* revenir – je viens de me rappeler qu'il s'appelait *Ernest* Polwittle – pas *Henry* ! (*En remontant* L.) Pas Henry !

(DINA *joue fort* .)

RIDEAU RAPIDE.

Intrigue de la scène

Chambre lambrissée de chêne , à profonde frise décorative.

Toile de plafond , peinte avec poutres en chêne sculptées.

Cheminée .–Grande cheminée ouverte en pierre entièrement décorée de cannelures et de pierre sculptée.

Portes .–Lourdes portes en chêne en bas à droite pour s'ouvrir.

Windows .–C. fenêtres (porte-fenêtres) ouvrant sur scène depuis la terrasse.

Escaliers .–Escaliers à l'arrière R. avec balustrade sculptée. Fenêtres transparentes vitraux en haut de l'escalier.

Toile de dossier .–Jardin peint et terrasse avec assise en pierre C.

TERRAIN DE PROPRIÉTÉ

ACTE I

Toile de scène vers le bas .—Tissu de scène en parquet avec pièce de sol en marbre fixée à l'arrière pour terrasse.

Tapis persan posé en haut et en bas R.

Tapis persan posé en haut et en bas L.

Canapé installé en travers de L. (canapé jacobéen recouvert de tapisserie).

Sur le canapé L. Deux coussins en tapisserie.

Table jacobéenne d'appoint à R. du canapé en bas L.

Tabouret .—Rembourré en rose R. de table.

Piano à queue semi-queue , avec clavier en bas de la scène, *en bas à* droite sous les doubles portes.

Au piano .—L'instrument de musique de Dinah.
Housse de piano en brocart rose en soie. Photo d'Olivia dans le cadre. Photo de George Marden dans le cadre. Photo de Dinah dans le cadre. Photo de Brian dans le cadre. Miroir EP. Bol en porcelaine bleue contenant des fleurs. Quantité de musique.

Chaise jacobéenne d'appoint. —Sous le piano.

Canapé (petit dossier à cannage Queen Anne) recouvert de tapisserie installé en haut et en bas de la scène contre et à gauche du piano.

Coussin – brocart or foncé – sur le canapé.

Table (occasionnellement jacobéenne) au-dessus du canapé à L., du piano.

Sur table .—Documents illustrés.
Morceau de brocart de couleur rose.

Chaise (jacobine d'occasion avec pigeonneau rose) L. de table d'appoint au-dessus du canapé.

Buffet (jacobéen) en haut à droite contre le mur du fond.

Sur le buffet .—Coupe en métal (avec fleurs)
Support à allumettes. Matches (sécurité). Cendrier.
Pot à tabac rempli.
La pipe de George s'est remplie. Photo sous cadre. Boîte à cigarettes (avec cigarettes). Lampe vase avec abat-jour.

Fauteuil (jacobéen avec pigeonneau rose)—L. de buffet face aux fenêtres.

Rideaux. –Paire de rideaux en velours côtelé de couleur rose avec embrasses pour fenêtres centrales. Rideau simple en velours côtelé de couleur rose pour l'arche jusqu'à R. accroché du côté arrière de l'arche.

Escaliers. –Toile d'escalier en toile peinte.
Tringles d'escalier en laiton.

Chaise d'appoint (jacobienne à pigeonneau rose).–L. des fenêtres et contre le mur du fond.

Table (occasionnellement jacobéenne). – En haut de L. contre le mur du fond.
   Sur la table. –Bol en métal contenant une plante azalée rose en pot.

Table à écrire. –Devant et sous les fenêtres C. (recouvertes de cuir).
   Sur la table à écrire. –Verre spécimen avec fleurs
Matériel d'écriture. Matchs en tribune. Cendrier. Porte-papier et stylos.
Petite bibliothèque.

Fauteuil (jacobéen) sous la table à écrire C.

Grande armoire (armoire de la cour jacobéenne) avec trois portes d'armoire et sur pieds courts – en haut de gauche contre le mur de gauche au-dessus de la cheminée.
   Dans le placard. –*Rideaux jaunes et noirs* très prononcés avec sangles disposées *pour qu'Olivia* les couse sur des anneaux.
   Coffret à ouvrage pour Olivia contenant des aiguilles, du fil, quantité d'anneaux, des ciseaux.
   Au dessus du placard. –Bol en métal avec palmier en pot.
Paire de ciseaux (en supplément en cas d'urgence pour les affaires de Brian). Grand verre à fleurs.

Corbeille. –À L. de la table à écrire.

Cheminée (L .).–Chiens en laiton et pinces à feu anciennes.

Un interrupteur et une cloche en laiton combinés poussent sur le mur vers le bas, à gauche, sous la cheminée.

Le déversoir en laiton au-dessus de la cloche pousse sur le mur L. au-dessous de la cheminée.

Table (petite canne ronde jacobéenne surmontée) dans l'angle de la cheminée et mur en bas L. au-dessous de la cheminée.
   Sur la table. –Tribune et allumettes (sécurité).
Cendrier.

Fauteuil (jacobéen avec pigeonneau rose) en bas à gauche et à droite de la table circulaire L. face à la scène.

Des photos sur les murs. —Image dans un cadre doré sur le mur en bas à droite. Image dans un cadre doré sur le mur au-dessus des portes doubles R. Image dans un cadre doré à droite sur le mur de droite à l'arrière. Tableau dans un cadre doré à gauche du mur droit à l'arrière. Image dans un cadre doré à droite du mur arrière de L. Image dans un cadre doré L. de L. back wail.

Propriétés de la main

Hors R.–Plateau à cartes et carte pour *Anne* .

Lettre sous enveloppe non timbrée sur plateau. Lettre sous enveloppe timbrée pour M. Pim. Lettre sous enveloppe non affranchie pour *George Marden* .

Carte de visite de gentleman (M. Carraway Pim) pour *George Marden* .

ACTE II

Même scène et propriétés .
La petite guitare de Dinah au piano.

Installés sur la terrasse
3 chaises de camping en toile vert clair. 2 chaises de camping rayées vertes et blanches. Table de camping pliante avec plateau en feutrine verte.

Rideaux repliés et placés dans le placard à gauche.

Off R.
Grand plateau EP à double poignée. 5 tasses à café (colorées pour le café) et soucoupes 5 cuillères à café. Bassin à sucre avec du sucre.

Petite récolte de chasse pour *Lady Marden* .
Gants en cuir épais pour *Lady Marden* .
Étui à cigarettes pour *Brian* .

ACTE III

Même décor et mobilier que l'acte II .

Off R.–Paire de courtes marches de bibliothèque (pour *George Marden*).

Terrain électrique

Lustre (C.).—Lustre jacobéen en bronze à 6 lumières suspendu au centre NON éclairé.

Supports sur les murs.
  Un sur le mur en bas de L.
Un de chaque côté du mur du fond entre les fenêtres et l'escalier R. Un de chaque côté du mur du fond entre les fenêtres et le mur L. Toutes les photos ci-dessus, *non éclairées* .

Feu dans cheminée, NON ALLUMÉ .

Longueurs .—Longueur en escalier, ambre et blanc.
Longueur en entrée par double porte en bas R.

Pieds .—Ambre et blanc.

Lattes .—Lattes de plafond, ambre et blanc.
Latte n°5, ambre et blanche.

Arcs .—2 arcs de perche op)
2 arcs de perche ps) Ambre clair et givre. N°1 op inondation étage bas LC N°2 op sur canapé bas R. N°1 ps sur canapé L. N°2 ps sur tabouret et inondation C.

Arcs d'inondation .—Deux arcs d'inondation sur le tissu arrière L. et R.
  Arc *d'inondation* sur les fenêtres transparentes au-dessus de l'escalier R.
  Arc *focalisé* à travers les fenêtres C., L. des fenêtres de la table d'écriture et les portes vers la droite menant à la pièce. Effet de lumière du soleil.

Pour ouvrir .—Toutes les lumières sont pleines et restent pour les actes I, II et III.

[ILLUSTRATION : Plan électrique "M. Pim passe par là"]